JN437954

역사 기행

# 여행 파노라마

著者 崔 春 基

인어공주 동상

을지출판공사

■ 머리말

# 여행은 사람을 좋은 방향으로 변화시킨다

이제 새해가 시작되었다. 1990년에 두 권의 책을 출판했고 오랜만에 책을 또 출판하게 되었다. 2005년부터 2013년까지 9년간 모아 두었던 글을 다듬어 책으로 엮었다. 앞의 두 권의 책은 전문 서적이고 이번에는 교양서적이다. 직장 생활 30년을 보냈으며, 대학강의 10년은 너무나도 의미가 있었다. 이 나라를 짊어지고 갈 젊은이들과의 생활은 너무나도 꿈과 같은 것이었다.

"책을 읽고, 사람을 만나고, 여행을 하라."(이케시마 신페이, 일본 문예춘추사 사장) 여행은 사람을 좋은 방향으로 변화시킨다. 미지의 땅은 굳어진 시야를 넓혀 주고 인생의 어려움을 헤쳐나갈 아이디어와 에너지 충만한 힐링 파워를 준다.

회사에 재직 중 1988~89년 2년간 7개국을 출장하였고 퇴직 후 23개국을 아내와 같이 여행하여 도합 30개국을 다녀왔다. 일본은 6회, 중국 2회, 대만 2회, 홍콩 2회, 미국(하와이 포함) 2회를 다녀왔다(별도 표1 참조).

그중 인상에 남는 것은 '영원한 생명의 말씀' 중에 노르웨이의 조그만 마을 오타의 호텔 객실에 있는 노르웨이어 성경책은 잊을 수 없으며, 밖에 나왔을 때 청명한 오색 무지개는 너무나도 깨끗한 대지와 함께 지금도 뇌리에 남아 있다.

국내여행은 서울법대 제15회 동창회 야유회를 중심으로 글을 썼으며(표2 참조), 신원식 동문이 도움을 주었으며, 이강훈 동문, 이세창 동문이 수고를 했다.

'임진왜란과 진주성 혈전'은 자료 수집으로 10년 정도 시간이 걸렸으며, '아웅산 테러와 연합뉴스 최금영 부장'은 아웅산 테러 후 20년이 지난 그 날짜에 별세했고, 테러 후 30년 만에 아웅산에 기념비가 세워질 것이며, 글을 구상하고 자료 수집하여 글을 쓰는데 10년의 시간이 지나면서 눈물도 흘렸다.

이 책은 역사와 철학이 들어 있으며, 국내외 여행을 하시는 분에게 좋은 안내자가 될 것이다. 이 책을 출판하는데 을지출판공사 김효열 대표가 아니었으면 세상에 나오기 힘들었을 것이다. 감사하기 그지없다. 또한 이 책을 읽어 주시는 분들께 진심으로 감사드린다.

2014. 3.

최 춘 기

■ 표 1

## 〈세계여행 여정〉 (1988~2010)

| | |
|---|---|
| 1988. 7. | 일본(동경, 오사카), 대만(타이페이, 화련), 태국(방콕, 화타야), 싱가폴, 홍콩, 마카오 |
| 1989. 4. | 미국(하와이 경유, 서부일주, 워싱턴D.C. 달라스) |
| 1997. 2. | 미국(서부일주, 하와이) |
| 1997.10. | 일본(북큐슈 후쿠오카, 구마모토, 벳부) |
| 2000. 6. | 서유럽 4개국(영국 런던, 프랑스 파리, 스위스 제네바, 이태리 밀라노, 피렌체, 로마, 카프리) |
| 2000.11. | 캐나다(밴쿠버, 갤거리, 토론토, 나이아가라폭포) |
| 2001.12. | 일본(오사카, 나라, 교토) |
| 2002. 6. | 동유럽 6개국(독일 프랑크푸르트, 체코 프라하, 슬로바키아, 헝가리 부다페스트, 오스트리아 빈, 잘즈부르그 |
| 2002.12. | 중국(심천, 홍콩, 광저우) |
| 2003. 6. | 일본 북해도(센다이, 삿포로, 하코다테, 아오모리) |
| 2004. 7. | 호주(시드니), 뉴질랜드 북섬(오클랜드) |
| 2005. 5. | 러시아(페테르브르그, 모스크바) |
| 2005.12. | 대만(타이페이, 화련) |
| 2006. 4. | 중국(상해, 항주, 황산) |
| 2007. 1. | 포르투갈(리스본), 모로코(페스, 탕헤르), 스페인(마드리드, 그라나다, 바르셀로나) |
| 2008. 4. | 일본(센다이, 도쿄, 닛고) |
| 2009. 5. | 북유럽 덴마크(코펜하겐), 노르웨이(오슬로), 스웨덴(스톡홀름), 핀란드(헬싱키) |
| 2010. 9. | 일본(미야자키, 가고시마) |

■ 표 2

## 〈국내여행 여정〉 (2009~2012)

| | | |
|---|---|---|
| 2009. | 10. | 강화도 전등사, 인천대교, 송도신도시 |
| 2010. | 2. | 온양민속박물관, 현충사 |
| | 3. | 안동 하회마을, 병산서원 |
| | 4. | 영월 장릉, 청령포 |
| | 5. | 군산 새만금방조제, 선유도 |
| | 6. | 철원 제2땅굴, 백마고지 |
| | 9. | 수덕사, 안면도 |
| | 10. | 소금강, 낙산사 |
| | 11. | 백제문화제(부여, 공주) |
| 2011. | 4. | 의성, 고운사, 사촌마을 |
| 2011. | 5. | 춘천 소양강댐, 평화의 댐, 비목공원 |
| | 6. | 평창 이효석 생가, 알펜시아 파크 |
| | 9. | 안성 칠장사(궁예, 박문수, 임꺽정) |
| | 10. | 남이섬, 여주 이포보 |
| | 11. | 천안독립기념관 세종시 |
| 2012. | 3. | 아산 외암리 민속마을 |
| | 4. | 단양팔경(도담삼경, 충주호 유람선) |
| | 5. | 공주 무령왕릉, 공산성 |
| | 6. | 연천 경순왕릉, 임진각, 제3땅굴, 도라산역 |
| | 9. | 정선 화암동굴, 정선5일장 |
| | 10. | 삼척 무릉계곡, 죽서루(이상 21회) |

# 차 례



## 제 1 장 해외여행

## 제 2 장 국내여행

## 제 3 장 역사 · 경제 · 기타

# 제 1 장

# 해외여행

# 노르웨이의 천재 조각가 비겔란의 조각 공원

## (1) 생애와 작품

아돌프 구스타브 비겔란(Adolf Gustav Vigeland 1869~1943)은 노르웨이의 조각가이다. 오슬로의 프로그네르 공원(Frogner Park)은 종합적인 야외 조각 전시장인 분수광장으로 유명하며, 여기에 지금까지 가장 많은 작품을 남긴 조각가로 알려져 있다. 부모는 농부였으며, 그는 14세 때 목세공가의 제자가 되었다.

1889년 첫 작품을 발표했으며, 초기에는 오귀스트 로댕의 영향을 받았지만 곧 자신의 독자적인 사실주의 양식을 개발했다. 그는 평생을 가난하게 살았으며, 대부분이 인물의 흉상과 부조인 초기의 조각들은 현재 오슬로의 비겔란박물관에 있다. 후기에 만든 기념비적 작품들은 오슬로에서 가장 큰 공원에 모여 있는데, 그는 이 공원의 입구와 다리, 분수, 원형 계단, 모자이크 모양의 미궁(迷宮)과 그야말로 숲을 이루고 있는 인물 석상들을 비롯해 193개의 모든 조각 작품들을 설계했다.

## (2) 비겔란 조각 공원(Vigeland Park)

프로그네르 공원의 일부이다. 1900년 비겔란이 분수대 조각

▲ 모노리트 앞에서 필자

을 작은 규모로 만들어 오슬로 시에 기증하였다. 시위원회에서는 국회 앞에 비겔란의 작품을 세웠다가 반응이 좋자 이전의 프로그네르 공원과 연계시켜 조각 공원으로 조성하였다. 넓은 공원에 '인간의 탄생에서 죽음까지의 갈등'을 주제로 인간의 희로애락(喜怒哀樂)을 표현한 조각들이 보기 좋게 전시되어 있다.

특히 무게 260톤, 높이 17.3미터 화강암 기둥에 서로 위로 올라가려는 121명의 남녀 군상을 조각한 공원 끝부분에 있는 모노리트(Monolith)는 비겔란이 석고 모형을 만들고 3명의 석

▲ 비겔란 조각 공원 앞에서 필자

공이 14년에 걸쳐 제작한 것이라고 한다. 비겔란은 이 계획을 성공시키기 위해 바닥 도면을 포함한 조감도는 물론 조각의 미니어처를 제작해 보여줌으로써 담당공무원을 설득했고 수많은 지지자의 도움으로 일생에 걸쳐 작품을 완성했다. 1905년 노르웨이 독립 직후 국가지원으로 1906년부터 전 생애에 걸쳐서 제작한 오슬로 프로그네르 공원의 조각군은 모노리트를 중심으로 수많은 인물상을 배치하여, 생(生)과 사(死)의 윤회를 상징적으로 표현하고 있다.

비겔란은 이 조각 공원을 만드는데 일생을 보냈다. 기존의 프로그네르 공원에 오슬로 시의 자금과 시민들이 참여하는 시위원회의 의견을 조합해 1915년부터 조형물을 설치했다. 그래서 이 공원은 그 자신만의 업적이 아닌 시민 모두의 자랑이 되었다. 비록 그는 공원 조형물의 완성을 보지 못하고 눈을 감았지만, 그가 죽은 이후에도 그가 남긴 스케치를 보고 그의 조수들은 작업을 계속 진행했고, 마침내 프로그네르 공원은 '비겔란 공원'이라는 이름으로 다시 태어나게 되었다. 그는 죽었지만 그의 예술 작품은 오늘날 오슬로를 주요 관광도시로 만드는 데 큰 공헌을 하고 있다.

### (3) 비겔란박물관(Vigeland Museum)

노르웨이가 자랑하는 천재 조각가 비겔란의 작업실 겸 집이었다. 비겔란의 조각 작품들로 꾸며진 비겔란 조각 공원 남쪽에 있다. 1920년대에 오슬로 시에서 가난했던 비겔란이 생계 걱정없이 조각에 임할 수 있도록 마련해 준 것이라고 한다. 비겔란은 이에 대한 보답으로 완성된 조각 작품은 물론 조각을 만들기 위한 초기 모형, 밑그림에 이르기까지 자신이 소유한 모든 것을 시에 기증하였다. 예술가의 천재성을 알아보고 지원을 아끼지 않은 오슬로 시민들의 높은 문화수준을 엿볼 수 있다.

박물관은 어마어마한 규모를 자랑한다. 주제를 바꿔가며 전시를 하는 기획 전시실만도 지하에 3개, 1층에 1개 등 총 4개가 있다. 이외에는 모두 상시전시실이다. 조각 작품, 밑그림, 목판화, 비겔란 조각 공원에 대한 계획안 등 비겔란의 모든 작업과 관련된 자료들이 총망라되어 있다. 조각품은 약 1,600여 점, 밑그림은 12,000점, 목판화는 400여 점에 이른다. 박물관은 비겔란 사후 4년 뒤인 1947년에 문을 열었다.

〈2009. 11. 29〉

# 노르웨이의 화가 뭉크의 '절규'

## (1) 그의 생애와 작품

북구의 신화와 전설을 보면 유난히 음습하고, 어둠의 그림자가 드리워져 있음을 알 수 있다. 오랜 시간 피오르드와 빙하들로 둘러싸여 있고 오로라가 밤도 낮도 아닌 북구의 하늘에 빛의 그림자를 드리우는 곳이기도 하다. 바로 이런 곳에 태어난 뭉크는 회화라는 양식을 통해 자신의 인생과 질병을 표현한 화가이다. 이를 위해 그는 강렬한 색채와 형태의 왜곡을 일삼았다. 그는 시대의 불안과 공포, 하지만 그 안에서 또 다른 희망을 추구했던 세기말의 천재 화가였던 것이다.

노르웨이에서는 국민적 화가로 알려져 있고, 그의 초상이 1,000크로네 지폐에도 그려져 있다. 표현주의적인 화풍의 화가로 알려져 있다.

에드바르드 뭉크(Edvard Munch 1863~1944)는 노르웨이의 뢰텐에서 1863년에 의사인 크리스티안 뭉크 박사와 라우라 카트리네의 둘째 아이로 태어났다. 누이 셋과 남동생 한 명이 있었다.

뭉크는 1944년 에켈리에서 평화롭게 눈을 감았고, 모든 재산을 오슬로 시에 기증했다. 오슬로 시는 1963년 뭉크 탄생 100주년을 기념하여 뭉크 미술관을 개관하였다.

▲ 뭉크의 '절규'

뭉크 생애의 작품은 너무 광범위하기 때문에 이를 온전히 파악하려면 문학의 관점에서 이해하는 것이 좋을지 모른다. 뭉크는 인간 존재의 갖가지 면모를 담은 작품을 제작하려 했다.

오슬로의 국립미술관은 뭉크의 비교적 초기의 주요 작품을 소장하고 있고 독일의 미술관들은 1920년 중반부터 뭉크의 작품을 입수하기 시작했고, 약 5년 후부터 스위스의 미술관이 그 뒤를 따랐다.

뭉크는 1895년부터 1897년까지 파리에 머무는 동안 판화에 대한 기술을 연마하였고, 1893년부터 1908년까지 독일에서 생활했으며 이 시기는 뭉크에게 있어서 중요한 시기였다. 1896년 파리의 전위극장인 테아트르 드 뢰브르에서 입센의 '페르귄트'가 상연되었고 뭉크가 무대 미술을 담당했다. 1896년 제작한 〈어머니와 딸〉(오슬로 국립미술관 소장)에는 녹색의 경사지를 배경으로 두 여자가 그려져 있다. '페르귄트'의 등장인물인 젊은 솔베이지와 페르귄트의 늙은 어머니 오세의 소리 없는 대화가 보인다.

뭉크는 여든 살에 죽음을 맞았는데, 타계하기 4년 전인 1940년에 자화상을 그렸는데 삶과 죽음의 경계에서 방황하는 자신을 보여 주었다. 그중 〈창문 곁에서〉(1940, 오슬로 뭉크미술관 소장)는 삶과 죽음이라는 양극단이 엄청난 힘으로 엄습해 온다. 얼굴과 배경의 강렬한 붉은 색이 옷의 우중충한 청록색과 더불어 충실한 삶의 영역을 강조한다. 이에 비해 창밖의 얼음과 눈으로 뒤덮인 대자연의 풍경은 명확히 죽음의 영토로써 삶과 대치해 있다. 삶은 중력과 사물 사이에서 얻어진 한순간의 승리이다. 우리는 지금 서 있다. 언젠가 누워서 죽는 날이 올 것이다. 인생은 이 승리를 표현하는 한 폭의 그림이다. 이 만년의 작품은 삶과 죽음, 수직과 수평, 동적인 것과 정적의 조화인 것이다.

### (2) 대표작 '절규'(The Scream 1893, 오슬로 국립미술관 소장)

그의 대표작인 〈절규〉에서는 자연을 배경으로 하여 인간의 불안과 고독을 묘사했다. 자연은 이 절규를 듣고 저 너머 핏빛의 하늘로 메아리를 던질 뿐, 전혀 위안을 주지 않는다. 후미에 떠 있는 작은 배, 화면을 가로지르는 다리의 난간 등에서 볼 때 그림의 배경은 노르드스트란이다.

뭉크의 일기에는 1892년 니스에서 병을 앓을 때 쓴 메모가 담겨 있는데, 그 내용에 이 장면을 연상하게 하는 구절이 있다.

"친구 둘과 산책을 나갔다. 해가 지기 시작했고 갑자기 하늘이 핏빛으로 물들었다. 나는 피로를 느껴 멈춰 서서 난간에 기대었다. 핏빛과 불의 혓바닥이 검푸른 협만과 도시를 뒤덮고 있었다. 친구들은 계속 걸었지만 나는 두려움에 떨며 서 있었다. 그때 나는 자연을 관통하는 끝없는 절규를 들었다."

미국의 미술사가 로버트 로젠블럼은 파리의 인류박물관에 소장되어 있는 페루 미라의 해골이 모델이 되었을 거라고 주장했다. 결박당한 채 두 손으로 머리를 감싼 미라의 모습은 확실히 〈절규〉의 인물과 놀라울 만큼 비슷하다. 또 뭉크가 가장 좋아했던 러시아 소설가 도스토예프스키(1821~1881)의 작품에서 영향을 받았을 수도 있다. 혹은 철학자 키에르케코르(1813~1855)의 다음과 같은 말이 연상된다.

"나의 영혼은 너무 무거워서 그 어떤 생각도 그것을 짊어질 수 없다. 어떤 날갯짓도 하늘 높은 곳으로 저공 비행을 감행하는 작은 새처럼 땅바닥을 스쳐 지나가는 정도일 뿐이다. 압박과 불안이 내면의 존재를 짓누른다. 지진이 곧 일어날 것 같다."

시인 라이나 릴케(1875~1926)는 1920년 한 지인에게 보낸 편지에서

"뭉크의 그림에서 보이는 선들은 공포를 구조화하는 힘을 갖고 있다. 하지만 뭉크는 코코슈가에 비해 자연 자체에 훨씬 가까이 접근했다. 그래서 그는 보존과 파괴라는 극단적인 모순의 위기를 해소할 수 있었던 것이다."

어떤 이들은 이 그림을 통해 앞으로 다가올 두 차례의 세계대전과 자기 예술에 대한 일련의 모멸감에 대한 뭉크의 징조라고 생각했다.

〈절규〉는 최초의 유화작품을 그린 뒤 3점의 작품을 더 제작해 총 4점의 연작이 있다. 유화작품은 오슬로 국립미술관이 소장 중이며, 템페라 작품과 판화 작품은 오슬로 뭉크미술관이, 그리고 또 하나의 작품은 개인이 소장하고 있다. 우리에게 가장 잘 알려져 있는 작품은 오슬로 국립미술관이 소장하고 있는 유화작품이다.

### (3) 〈절규〉의 도난과 회수

〈절규〉 연작은 도난과의 지독한 악연으로 유명하다. 1994년 4명의 괴한이 오슬로 국립미술관의 창문을 깨고 사다리를 타고 넘어와 유화 버전의 작품을 훔쳐 갔었다. 그들은 "Thank for the poor security"라는 메모를 남겨 놓고 유유히 사라졌다. 3개월 뒤 구매자를 가장한 경찰의 함정수사로 다행히 붙잡혔고 작품은 손상되지 않은 채 돌아와 다시 오슬로 국립미술관에 전시 중이다.

2004년에는 3명의 복면 무장 강도가 백주 대낮에 오슬로 뭉크미술관에 난입해 당시 관람 중이던 수십여 명의 관람객을 위협한 뒤 너무나 간단하게 템페라 버전의 〈절규〉와 〈마돈나〉를 훔쳐 갔었다. 이들 두 작품은 2006년에 다행히 되찾긴 했지만 노르웨이 경찰은 되찾은 과정에 대한 발표를 거부했고 이는 아직도 미스터리로 남아 있다. 돌아온 〈절규〉는 왼쪽 하단부가 약간 습기로 손상되었고, 〈마돈나〉는 오른쪽 테두리 부분이 좀 찢어지고 마돈나의 팔에 두 개의 구멍이 뚫린 채 회수되었다.

〈2009. 11. 20〉

# 북유럽 스웨덴의 역사기행(노벨, 노벨상)

스웨덴은 스칸디나비아 반도 동쪽에 있으며 노벨상과 복지의 나라로 대표되어 있고, 세계적으로 국가 경쟁력이 높은 나라이다. 지형은 노르웨이와 국경을 이루고 있는 산악지대로부터 동쪽으로 경사가 되고 있으며 높은 산은 주로 북부의 국경 부근에 있다. 중부 이북은 삼림이 풍부하나 경작지가 적으며, 남부는 비옥한 평야에 대규모의 농업이 형성되고 있다.

## (1) 노벨(노벨상)

노벨(Alfred Bernhard Nobel 1833~1896)은 스웨덴의 과학자이며 다이나마이트를 발명했다. 그의 유언(1895)에 따라 노벨상(Nobel Prize)이 제정되었다.

노벨은 역설과 모순으로 가득찬 인물로 남아 있다. 비상하면서도 고독하고, 비관주의자이면서도 한편으로 이상주의자였던 그는 현대전에 사용된 강력한 폭탄을 발명했을 뿐만아니라, 인류의 문명 발달에 학문적으로 기여한 사람에게 수여하는 세계에서 가장 권위 있는 상, 노벨상을 제정하기도 했다. 대한민국 국민으로 김대중 전 대통령이 인권 향상과 남북관계의 진전에 기여한 공로로 2000년에 평화상을 수상한 바 있다.

노벨의 생애와 노벨상과 역대 노벨상 수상자를 다루는 노벨 박물관은 스톡홀름의 구 시가지에 있다.

다이나마이트의 군사적 사용의 증가에 그는 심기가 불편했다. 프랑스의 한 신문이 실수로 신문에 노벨의 부고기사가 실렸다. 그의 때이른 부고기사에 노벨은 노벨상을 만든 동기가 되었다. 그의 유산의 94%인 3,200만 스웨덴 크로나(340만 유로, 440만 달러)를 노벨상 설립에 남겼다.

1901년 노벨상이 제정된 이래 2008년까지 793명과 23개 단체가 이 상을 받았다. 노벨 평화상만 노르웨이 오슬로에서 수여되며, 나머지 상은 스웨덴 스톡홀름에서 수여된다.

경제학상은 1969년부터 스웨덴은행에 의해 제정되었고 나머지 5개 상은 처음부터 있었다.

노벨이 노벨 평화상을 노르웨이에서 수여하게 한 이유는 분명치 않다. 노르웨이와 스웨덴은 이웃에서 경쟁과 협조를 해온 미묘한 관계다.

두 나라의 우정을 증진시키고자 하는 의미로 보는 사람이 많다. 노르웨이 국회에서 뽑은 5인이 심사 위원회를 구성하여 결정한다. 초창기에 노르웨이 현역 의원으로 위원회를 구성했으나 1977년 현직 의원의 겸직을 금지하고 독립기구로 구성했다. 그럼에도 위원회 구성은 노르웨이 의회에 달렸고 여야 의석 배분에 따라 위원회의 구성도 달라진다. 노벨 평화상은 노벨상의 백미(白眉)이다.

### (2) 노벨상 시상 분야

노벨 평화상 - 노르웨이 국회 스토르팅의 추천에 의해 구성되는 노르웨이 노벨위원회에서 결정.
노벨 문학상 - 스웨덴 아카데미에서 결정.
노벨 물리학상 - 스웨덴 왕립 고등 과학원에서 결정.
노벨 화학상 - 스웨덴 왕립 고등 과학원에서 결정.
노벨 생리학 · 의학상 - 카롤린 의학연구소에서 결정.
노벨 경제학상 - 스웨덴 왕립 고등 과학원에서 결정.

### (3) 노벨상의 결정

노벨상은 독창성을 중시한다. 인류에 큰 기여를 한 연구 · 발명이 있는 경우 그 아이디어를 맨 처음 만든 사람에게 상을 준다. 반도체의 원리를 만든 사람에게 상을 주고 그에 바탕을 둔 생산이나 응용에 큰 기여를 한 사람에게는 주지 않는다.

노벨상은 살아 있는 사람에게만 주어진다. 그래서 아무리 위대한 업적을 남겼어도 사후 수여는 하지 않는다.

### (4) 노벨상 수상자 톱(top) 10 (2009. 10. 8. 영국 텔레그라프지)

마리 퀴리(폴란드) - 1903년 물리학상, 1911년 화학상, 방사선, 라듐.
마틴 루터 킹(미국) - 1964년 평화상, 인종차별 저항.
알베르트 아인슈타인(미국) - 1921년 물리학상, 상대성이론.

프랜시스 크릭(영국) - 1962년 생리의학상, DNA 나선구조.
제임스 왓슨(미국) - 1962년 생리의학상, DNA 나선구조.
모리스 윌킨스(영국) - 1962년 생리의학상, DNA 나선구조.
(프랜시스 크릭, 제임스 왓슨, 모리스 윌킨스 공동수상)
장 폴 사르트르(프랑스) - 1964년 문학상, 실존주의철학.
알렉산더 플레밍(영국) - 1945년 생리의학상, 페니실린 발견.
허먼 멀러(미국) - 1946년 생리의학상, X선 돌연변이.
알렉산드르 솔제니친(러시아) - 1970년 문학상, 소련 수용소 잔학상.
국제적십자위원회 - 1917, 1944, 1963년 평화상, 인명 구호 사업.
클라이브 그레인저(영국) - 2003년 경제학상, 계량경제학 발전.

〈2009. 5. 19〉

# 북유럽 핀란드의 문학기행

-노벨상 수상 실란패의 '실리아'

핀란드는 서남쪽은 빌트해, 남쪽은 핀란드 만, 서쪽은 보트니아 만 등의 바다로 둘러싸여 있고, 스웨덴, 노르웨이, 러시아와 국경이 닿아 있다.

핀란드의 지형은 대체로 평평하며 육지의 68%가 북방 침엽수림으로 덮여 있다. 호수와 섬의 나라로 호수 18만 7천여 개와 섬 17만 9천여 개가 있다. 국토의 4분의 1 정도는 북극권에 있어 여름에는 백야 현상이 일어난다.

핀란드의 대표적 작가로 프란스 에밀 실란패(Frans Eemil Sillanpaa, 1888~1964)는 1939년 노벨 문학상을 수상하였다.

남서부의 작은 마을인 해멘퀴뢰(Hameenkyro)의 소작농 집안에서 태어났으며 그의 부모는 가난하였다.

그의 작품은 주로 농민들과 농촌의 삶을 소재로 하는데 사람은 자연의 필수적인 일부분이며 대지와 하나로 된 존재로 묘사하여 이상화된 농촌 생활을 그리고 있다. 자연관조와 사실주의의 합체(合體)라는 관점에서 국민적 작가이다.

▲ 핀란드 선박박물관

### (1) 실란패의 작품

고향 마을에서 작품 활동에 전념하여 1916년 첫 장편소설 〈삶과 태양〉을 발표하여 주목을 받았고 이는 매우 특이한 작품으로, 한여름에 고향에 돌아와 사랑에 빠진 한 청년을 그리고 있다. 사람들은 자연의 필수 요소로써 묘사되었고 본능을 통해 인생의 숨겨진 목적이 드러나는데, 바로 이 본능이 인간의 행동을 통제한다.

이어서 1919년에 핀란드 독립선언에 잇달아 일어난 핀란드 내전을 소재로 한 〈온순한 유산〉을 발표하였다. 1918년 핀란드 내란으로 충격을 받은 그는 한 순박한 오두막지기가 이데올로기의 의미를 분명히 깨닫지 못한 채 적위군에게 가담하는 과정을 그린 무게 있는 장편소설이다.

그의 가장 유명한 작품은 1931년 발표한 〈젊었을 때 잠들다〉(한국에서는 〈실리아〉로 출판)로 영어로 번역되어 미국과 영국에서 출판되었고, 세계적 명성을 얻었다.

(2) 실리아(젊었을 때 잠들다 Nuorena nukkunat 1931)

슬프도록 아름다운 "실리아", 이 작품은 조물주의 걸작인 핀란드의 교향곡이다. 1917년 러시아 혁명과 그해 독립한 핀란드의 농촌을 시대적 배경으로 하여 주인공 실리아와 그녀의 아버지 이야기를 그렸다. 시골 고가(故家)의 병약한 소녀 실리아가 슬픈 운명을 감수한다.

〈힐투와 라그나르〉(1923)는 도시 소년과 시골 하녀의 비극적인 사랑 이야기를 다루고 있다.

〈남자의 길〉(1932)은 농촌의 한 청년이 성격이 강한 여성에게 지면서도 서서히 남성으로 완성되어 가는 경로를 그의 특유한 자연묘사 속에 그린 것이다.

〈여름밤의 사람들〉(1934)도 같은 작품의 수작이며 가장 완벽한 문체로 씌어진 시적인 소설이며, 자연과 심리를 목가적으로 융합함으로써 핀란드 문학의 독자적인 낭만적 사실주의에 청징(淸澄)한 효과를 더하였다.

1945년 마지막 장편인 〈인생의 아름다움과 고통스러움〉은 그의 특성을 집대성한 종합적 작품으로 평가된다.

1953년 〈말하기와 묘사하기〉, 1954년 Kerron ja Kuvailen, 1956년 〈그날의 최고 순간〉 등의 회고록을 발표하였다.

실란패 소설의 가장 아름다운 표현은 농민생활의 묘사에 있다. 이 농민생활은 극히 지방적, 민족적이지만 그러나 한편 보편적이다.

그는 흰 수염을 기른 것으로 유명하며 '할아버지'란 뜻의 '타타(Taata)'라는 별명도 있다. 그의 작품은 전 세계 30여 개의 언어로 번역되었고 상당수는 영화로 만들어졌다.

1964년 헬싱키에서 삶을 마쳤다.

〈2009. 5. 20〉

# 스페인 알함브라 궁전의 추억

## (1) 스페인 그라나다에 있는 알함브라 궁전

인류가 만든 최고의 건축예술, 스페인 땅에 남아 있는 이슬람의 찬란한 유산, 지상에 마련한 실존의 파라다이스, 어떠한 찬사로도 부족한 알함브라 궁전은 스페인 남부 그라나다(Granada)에 위치하고 있다.

"그라나다라는 에메랄드에 알함브라라는 빛나는 오리엔트 산 진주가 박힌 인류 최고의 보석"이라고 15세기에 한 아랍 시인이 표현하였다. 알함브라 궁전(Palacio de la Alhambra)은 이스람교도인 무어인(Moor 이스람교를 믿던 북아프리카인)이 1238년에 완성한 궁전으로 유네스코가 1948년 세계 문화유산으로 선정하였고 2006년 세계 7대 불가사의 21후보 중 4위에 올라 있다. 그라나다는 13~15세기 스페인 이슬람 지배기인 무어왕국의 수도였으며 이베리아 반도에서 가장 아름다운 도시로 명성을 떨쳤다. 오늘날 위대한 무어유적의 본거지가 되고 있다.

알함브라 궁전을 이해하기 위해서는 이스람교도의 스페인 점령의 역사를 살펴보아야 하고 19세기 스페인의 전설적인 기타리스트인 타레가가 알함브라를 보고 작곡한 "알함브라의 추억"에 관하여 쓰고자 한다.

### (2) 이슬람교도의 스페인 침공(기독교와 이슬람교의 전쟁)

이베리아 반도는 유럽과 아프리카의 교두보로 오랫동안 침략 전쟁의 목표물이 되었다. 서고트 왕국은 711년 이슬람이 지브랄타 해협을 건너 고트 왕국의 마지막 왕조인 로데릭 왕조를 쳐 멸망시켰다. 714년까지 이슬람군이 북부 산악지대를 제외한 스페인 전역을 지배하고 있었다. 알 안달루스(Al Andalus)라고 부르는 무어족이 거의 800년이나 남부 스페인을 계속 점령하였다.

722년 비지고스(Visigos)왕인 펠라요(Pelayo)가 북부 스페인의 코바돈가(Covadonga)에서 무어족에 첫 번째 반격을 가했는데 스페인 왕정복고 운동의 첫 움직임이었다. 펠라요와 그 후계자들은 강력한 왕국을 세우고, 영토 내에서 무어족을 쫓아내는데 성공하였다. 1085년 톨레도의 뒤를 이은 알퐁소 4세(Leon과 Castile의 왕)는 무어족을 물리치기 위해 북아프리카의 알모라비즈(Almoravids)에게 도움을 청하였고, 알모라비즈는 대부분의 안달루시아(Andalusia) 지역을 획득하여 1144년까지 스페인을 실질적으로 지배한다. 이 권력은 다시 다른 북아프리카 부족 알모아즈(Almohads)에게 넘어가 1212년까지 지속된다. 그러나 1266년까지 정통 스페인 기독교 왕조가 그라나다 주를 제외한 전 스페인을 장악하게 된다.

기독교 스페인의 두 핵심 파워는 1469년에 캐스틸(Castile)의

▲ 사그라다 파밀리아 성당 앞에서 필자 부부

이자벨라 공주와 아르곤(Argon)의 페르디난즈 왕자의 결혼으로 양국이 통합된다. 가톨릭 통치권의 이 나라는 스페인 전 지역을 통일하였으며, 1482년 그라나다를 함락했으며, 그로부터 10년 후 1492년 무어왕은 항복하였다. 13세기 초 불붙기 시작한 기독교도의 국토 탈환운동(레콘키스타)으로 마지막 거점이었던 그라나다가 함락하면서 이슬람 세력은 스페인 땅에서 사라졌다.

500년이 지난 지금도 스페인을 지배했던 화려한 이슬람 문화

▲ 알함브라 정원수 앞에서 필자

의 흔적은 그라나다와 세비야(Sevilla)를 중심으로한 안달루시아(태양이 빛나는 땅이라는 뜻) 지방에 남아 있다. 인구 90%가 기독교이지만 타 문화 유적이 잘 보존되어 있다. 중동지방의 이스람 문화는 전쟁과 근대화의 물결로 문화재가 크게 훼손되었으나 스페인은 타 종교와 화해로 잘 보존되고 있다.

### (3) 이슬람 예술의 극치 알함브라 궁전

이슬람 최대의 문화재로 꼽히는 알함브라 궁전은 높이 3,470

미터의 시에라 네바다 산맥(Sierra Nevada)에 둘러싸인 천연의 요새이다. 그라나다의 깎아지른 벼랑 위에 세워져 있다. 당시 이슬람 왕이었던 모하메드 13세는 이 왕궁을 완공하면서 "사랑하는 백성들이여 너희가 살아서 지상의 천국을 보게 될 것이다"라고 선언했다.

그러나 불과 10년 뒤인 1492년 기독교도에게 쫓겨 시에라 네바다 산맥을 넘으면서 스페인을 잃은 것은 아깝지 않지만 알함브라를 다시 볼 수 없는 것이 원통하다고 눈물을 흘렸다고 한다(sigh of the Moor). 이곳은 훗날 통한의 언덕으로 이름 지어졌다. 알함브라는 '붉은 성'이란 뜻으로 한밤중에 성벽과 망루 그리고 성안에서 반사된 횃불로 마치 타는 것처럼 보이기 때문에 붙여진 이름이다.

저 멀리 눈 덮인 시에라 네바다 산맥을 뒤로하고 그라나다 시내가 내려다 보이는 곳에 붉은 색의 성이 있다. 알함브라 궁전은 주위 3.5킬로의 이슬람 시대 성보(城堡) 가운데 130×182미터의 좁은 부지에 세워졌다.

에스파니아 마지막 이슬람 왕조인 나스르 왕조의 무하마드 1세 알 갈리브가 13세기 후반에 건설하기 시작하여 역대의 증축과 개수를 거쳐 300여 년이라는 세월을 통하여 완성되었으며 현재 이 궁전의 대부분은 14세기 때의 것이다. 유세프 1세는 궁내 지하실에서 살해됐고 스페인의 이슬람 왕국이 최후까지 저항하다 멸망한 곳 또한 이곳이다. 이런 피의 역사가 더욱 알 수 없는 애잔함에 젖는 것일까.

알함브라 궁전은 기하학적 무늬, 아라비아 글자, 그리고 식물을 이용한 수많은 문양이 새겨져 있다. 이슬람은 우상 숭배를 막기 위하여 사람이나 동물 형상을 금했다. 식물 모양도 처음에는 금지됐다가 차츰 허용되었다. 이런 규제 덕분에 기하학적 무늬와 아라비아어 서예가 이토록 아름답게 발달하였다.

누에바 광장에서 고메레스(Gomerez) 비탈길을 올라가면 정면에 그라나다스(Granadas)의 문이 보인다. 문 위에는 세 개의 석류(스페인어로 Granada)가 조각되어 있다. 문을 빠져나가면 길은 세 갈래로 나뉘어 도랑을 흐르는 시에라 네바다의 맑은 물소리와 함께 알함브라의 숲 속으로 스며든다. 정면에 궁전 최초의 문인 재판(Justicia)의 문이 나온다. 말굽 모양의 아치 위에는 코란 5계명을 나타내는 다섯 개의 손가락이 새겨져 있다.

### ① 알카사바(Alcazaba)

'오직 한 분 신만이 승리자다' 라고 새겨진 포도주 문을 지나면 알카사바로 들어가는 입구이다. 알바이신 언덕을 포함하는 성채도시의 가장 중요한 요새로서 9~13세기에 걸쳐 건설되었다. 평탄한 길을 따라 계단을 올라가면 벨라(Vela)의 탑 정상이 나온다. 이 탑에서의 전망은 정말 압권이다.

### ② 왕궁(Casa Real)

알함브라 궁전의 심장부인 왕궁은 환상적인 아랍 정원의 숨결이 느껴져 천일야화의 세계로 끌어들인다. 입구에 있는 메사르(Mexuar) 궁전의 대들보나 벽면의 벽토장식은 집정을 하던 방에 어울리게 중후하다.

오른쪽으로 가면 안뜰이 있고, 왼쪽으로 꺾어지면 아라야네스(Arrayanes 天人花)의 안뜰이 나온다. 아라야네스의 안뜰에

▲ 헤네랄리페 분수공원에서 필자 부부

는 옛 성채인 코마레스(Comares) 탑이 있으며 그 내부에는 대사(Embajadores)의 방이 있다. 천장은 모카라베스라고 불리는 종유석 장식으로 되어 있다. 이 방 베란다에서는 사크로몬테, 알바이신, 서민 동네까지 한눈에 볼 수 있다. 아라야네스 안뜰에서 왼쪽으로 가면 라이온(Leones)의 안뜰이 나온다. 사방이 무하마드 5세 시대에 조각된 124개의 대리석 기둥으로 떠받쳐진 아케이드에 둘러싸여 있고, 중앙에 12마리의 사자가 떠받치고 있는 분수가 있다.

▲ 알함브라 궁전

▲ 암함브라궁전 정원수 앞에서 필자 부부

이곳은 하렘으로 왕 이외의 남성은 출입금지 지역이었으며 2층의 방에는 왕의 후궁들이 살고 있었다. 이 안뜰에는 세 개의 방이 있다. 남쪽의 방은 아벤세라헤스(Abencerrajes)의 방으로 왕족인 아벤세라헤스 가(家)의 한 남자가 하렘의 여성에게 접근하여 목이 잘렸다고 한다. 이 목은 방의 중앙 분수에 놓여 있었는데 흘러나온 피는 사자의 분수에까지 이르렀다고 한다. 중앙에는 왕(Rey)의 방이 있다. 천장에는 열 명의 왕이 그려져 있는데 이슬람 예술은 인간의 얼굴을 그리지 않는다는 점을 보면 그라나다 함락 후 기독교도가 그린 것으로 보인다.

아벤세라헤스의 방 건너편에 두 자매(Dos Hermanas)의 방이 있다. 이곳의 종유석 장식은 궁정 안에서 가장 섬세하고 정교하다. 린다라하 망루를 지나 왼쪽으로 가면 "알함브라 이야기"의 작가 워싱톤 어빙(Washington Irving 미국의 작가, 역사가)이 원고를 집필했다는 방이 나온다. 린다라하 정원을 통해 파르탈 정원으로 이어진다.

③ 파르탈의 정원(Jardines de Partal)

정원의 안쪽에 있는 다메스의 탑에서는 다로 계곡의 심오하고 아름다운 경치와 헤네랄리페(별궁)의 우아한 풍경을 바라볼 수 있다. 파르탈의 정원에서 오른쪽으로 카를로스 5세가 지은 카를로스 5세(Carlos V) 궁전이 나온다. 스페인 르네상스를 대표하는 건축물로 알함브라 궁전 안에 있는 이질적인 모습이다.

④ 헤네랄리페(Generalife)

왕의 여름 별장으로 13세기에 건설되었으며 꽃과 시에라 네바다의 물의 향연이 아라베스크의 무늬에 둘러싸여 참으로 아름답다. 삼나무 산책로와 대나무 산책로는 내리쬐는 태양으로 그림자를 드리우고 계속해서 들려오는 물소리는 기타곡 "알함브라의 추억"에서 떨리는 음처럼 지나간 날들의 속삭임을 전해준다. 헤네랄리페와 파르탈의 정원을 연결하는 다리 아래의 길(Ray Chico)을 내려가면 다로 강을 건너 알바이신(Albaicin)이 나온다.

알함브라 궁전은 에스파니아가 그리스도교의 손으로 빼앗은

뒤에도 정중하게 보존되었고 18세기에 한때 황폐화되기도 했으나 19세기 이후에 복원, 완전하게 보전하여 이슬람 생활문화의 높이와 탐미적인 매력을 오늘날에 전하고 있다.

(4) 알함브라 궁전의 추억(공학과 예술의 만남)

그라나다에는 알함브라 궁전이 있다. 그러나 우리에게는 클래식 기타 음악인 '알함브라 궁전의 추억(Recuerdos de la Alhambra)'으로 더 많이 알려져 있는 곳이기도 하다.

에스파니아의 전설적인 기타리스트인 타레가(Francisco Tarrega Eixea : 1852~1909)의 작품이다. 타레가는 근대 기타연주법의 틀을 완성한 천재적인 기타리스트이다. 그는 근대 기타의 아버지로서 현대 기타 발전의 터전을 닦아 놓은 은인이었다. 그는 필연성에 의한 작곡만을 했으므로, 모든 작품이 기타의 명곡으로 꼽히고 있다.

알함브라 궁전은 연못과 분수를 많이 만들어 놓아 '물의 궁전'이다. 타레가의 이 기타곡도 꼭 물이 떨어지는 듯한 멜로디로 작곡되었다. 만인의 사랑을 받는 기타곡, 기타를 배우는 사람이라면 필수로 도전하는 곡이다. 전통적으로 기타음악이 강세를 보이는 에스파니아에서는 이 음악은 클래식 기타의 표본이라 불리울 만큼 최고의 작품으로 인정을 받고 있다. '알함브라 궁전의 추억'은 타레가가 그라나다 교외에 있는 알함브라 궁전을 구경한 후 작곡했다.

제자인 콘차 부인과 같이 갔던 그날 밤 그는 깊은 감명을 받았고 그는 궁전의 아름다움을 트레몰로 주법으로 그려 놓았다.

▲ 암함브라궁전 정원수 앞에서 필자

곡은 전반 가단조와 후반 가장조로 반복된다. 코다에서는 알함브라 궁전의 추억을 인상 깊게 새기며 끝난다. 전 곡을 은구슬 뿌리듯 관통하고 있는 트레몰로는 매혹적인 이미지를 준다. 더욱이 우수적인 멜로디는 콘차 부인과 실연의 아쉬움을 더해주는 듯한 느낌을 준다.

그는 사망하기 3년 전에 팔이 마비되는 병을 앓고 난 후 더 이상 기타를 연주할 수 없게 되자 이를 비관하며 슬픈 말년을 보냈다고 한다. 테레가의 음악은 지금도 많은 사람들에게 사랑을 받고 있으며 특히 팝에서는 최고의 소재 중의 하나로 여겨지고 있다. 영화 '킬링필드(Killing Fields)' 에서 그의 ' 알함브라 궁전의 추억 '을 주제로 한 에뛰뜨(Etude : 습작)가 1984년 오스카의 주제가상을  수상하기도 했다.

이번 여행을 한 3개국, 스페인, 포르투갈, 모로코는 지리적으로 근거리에 위치하고 정치, 역사적으로도 관련이 밀접한 나라이다. 모로코의 무어왕조는 711년 스페인을 침공하고 점령했으며, 포르투갈은 스페인으로부터 1640년 독립을 쟁취하였다.

지브랄타 해협은 스페인으로부터 아프리카 북안에 있는 모로코를 육안으로 볼 수 있으며 선박으로 1시간 반 정도의 거리였다. 스페인 내에 있는 이슬람 문화는 가까이 있는 무어인의 침공으로 기독교와의 전쟁의 유산이었으며 유적이 잘 보존된 것은 놀랄 만한 일이다.

〈2007. 2. 5〉

* 한국신문학(한국신문학인협회 발행) 2007. 6. 30(통권 제15호) 게재

## 안데르센은 누구인가?

-나의 역경은 정말 축복이었다

덴마크는 유럽 서북부 유틀란트 반도와 그 부속도서로 이루어지고 낙농업과 조선, 정밀 공업이 발달한 나라이다.

안데르센(Hans Christian Andersen 1805~1875)은 덴마크의 동화작가이며 소설가이다. 덴마크 오덴세에서 1805년에 출생하였다.

안데르센 문학은 그가 가난한 구두 수선공의 아들이라는 것에 영향을 많이 받았는데, 총 160여 편의 동화작품이 있으며, 주요 작품으로는 즉흥시인, 분홍신, 눈의 여왕, 인어공주, 미운오리새끼, 성냥팔이 소녀, 벌거숭이 임금님 등이 있다.

그의 이야기들이 독자의 마음을 끄는 이유는 안데르센이 불행하고 사회적으로 소외받는 사람들과 자신을 동일시했기 때문이다. 비교적 슬픈 이야기에는 자전적 요소가 강하게 들어 있다. 평생 자신이 아웃사이더라고 느꼈고 가장 가까운 사람들과의 관계에서 깊은 고통을 느꼈다. 그는 평생 독신으로 살았으며 얼굴도 못생겼으며 키도 작고 비균형적으로 생겨 덴마크 수도 코펜하겐 시청 앞에 있는 그의 동상은 다른 동상과 달리 앉아 있는 이유를 알 만하다.

안데르센 동화의 특색은 그의 서정적인 정서와 아름다운 환상의 세계, 그리고 따스한 휴머니즘에 있다. 안데르센은 1875년 친구의 별장에서 병으로 사망하였다. 그의 장례에는 전 국민이 상복을 입었고, 국왕과 왕비도 장례에 참석하였다.

안데르센은 동화작가로 명성을 얻었을 때 그는 다음과 같이 말했다.

"생각해 보니 나의 역경은 정말 축복이었다. 가난했기에 '성냥팔이 소녀'를 쓸 수 있었고, 못생겼다고 놀림을 받았기에 '미운 오리새끼'를 쓸 수 있었다."

(1) 주요 작품

① 성냥팔이 소녀 : 가난하게 자라서 구걸까지 해야 했던 안데르센 어머니를 소재로 한 작품이다.

② 미운 오리새끼 : 안데르센이 작가로 데뷔한 후에도, 그의 출신 때문에 홀대를 받는 상처가 문학으로 표현된 작품이다.

③ 인어공주(人魚公主 The Little Mermaid, The Little Sea Maid) : 그의 대표적 작품(1837)이며 그의 세 번째 작품이다.

한 소녀인어가 인간 왕자를 사랑하여 자신의 모든 것을 버리고 인간이 되는 내용이다. 이것은 안데르센 자신의 실연에 관한 자전적 이야기이다. 특히 사랑했지만 끝내 사랑을 이룰 수 없었던 여인 리보에 대한 애틋한 사랑이 담겨 있다. 현재 코펜하겐 바닷가에 인어공주의 앉아 있는 동상이 많은 사람들의 사

▲ 안데르센 동상 앞에서 필자 부부

▲ 인어공주 동상 앞에서 필자 부인

랑을 받고 있다.

요약하면 한 번도 바다 위를 구경해 보지 못한 인어 공주는 자신의 15번째 생일에 물 밖을 구경해도 좋다는 허락을 받고 바다 위 구경을 나선다. 공주는 마침 바다 위를 항해 중이던 왕자를 보고 첫눈에 사랑에 빠진다. 그때 폭풍이 일어 왕자가 탄 배는 침몰하고 공주가 정신을 잃은 왕자를 구해 낸다.

그러나 왕자는 정신을 잃은 상태로 공주가 자기 생명을 구해 준 것을 모른다. 인어공주는 왕자의 곁에 있고 싶어서 자신의 목소리를 마녀에게 주는 대신 사람의 몸을 얻어 왕궁에 들어가서 시녀가 된다. 그러나 왕자는 벙어리인 인어공주가 자신을 구해 준 생명의 은인이라는 사실을 알지 못한 채 이웃 나라의 공주와 결혼하게 되고, 낙심한 인어공주는 슬퍼하며 바다 속으로 몸을 던져 죽게 된다.

④ 눈의 여왕 : 어렸을 때 나포레옹 전쟁에 참전했다가 돌아온 아버지가 서리가 내리던 밤에 병으로 죽자, 이를 '눈의 여왕'이 데려가는 것으로 생각한 어린 시절의 기억이 소재가 되었다.

〈2009. 5. 15〉

## 영원한 생명의 말씀 - 성경(Bible)

노르웨이(Norway)의 수도 오슬로(Oslo)를 출발하여 노르웨이의 조그만 시골 마을에서 일박을 하게 되었다. 호텔 객실 탁자 위에는 성경책 1권이 놓여 있었다. 성경책을 열어 보니 본문으로 들어가기 전에 아래의 짧은 글이 있었다. 성경 본문은 왼쪽 페이지는 노르웨이어, 오른쪽은 영어로 되어 있었다.

월터 스코트 경(Sir Walter Scott)이 임종이 가까울 때 친구 록하트(Lockhart)에게 책을 읽어 달라고 하였다. 록하트는 스코트 경의 2만 권에 달하는 장서를 둘러보고 "어떤 책을 읽어 줄까?" 하고 물었다. 스코트 경은 "물어볼 필요 없이 유일한 책 한 권이 있네" 하고 대답했다. 그리고 록하트는 영원한 생명의 말씀인 성경(Bible)을 읽어 주었다.

왜 성경을 읽는 것이 중요한가?

성경은 하나님의 말씀이다. 성경은 당신의 질의에 대한 해답을 주고 당신의 어려운 문제에 대한 해결책을 준다.

When Sir Walter Scott was on his deathbed, he asked his friend Lockhart to read for him. His friend looked among the twenty thousand books of Scott's valuable library and asked; "what book shall I read?" "You need not asked",Sir Walter said,"there is only one," And Lockhart read from this book -The Bible-the Word of Life eternal.

Why is it so important to read The Bible?

The Bible is the word of God. It gives God's answer to your questions and solutions to your problems.

(본문 번역 및 주 : 최춘기)

In Otta, Norway 16 May 2009

(1) Sir Walter Scott(1771~1832)

스코틀랜드의 대표적인 소설가, 계관시인, 잉글랜드의 쉐익스피어와 쌍벽을 이루는 스코틀랜드의 자존심.

대표작 : 소설 웨이벌리(Waverley).

(2) John Gibson Lockhart(1794~1854)

스코틀랜드의 비평가, 전기작가.

대표작 : 월터 스코트 경의 생애(Life of Sir Walter Scott).

# 인류의 문명은 어떻게 몰락하는가?

- 캄보디아(Cambodia) 앙코르 와트(Angkor Wat)를 중심으로

## (1) 인류 문명의 붕괴

과거 인류의 역사를 회고하면 많은 문명이 지구상에서 사라졌다. 미국 UCLA 생물지리학 교수인 제레드 다이아몬드(Jered Diamond)는 인류 문명의 붕괴의 원인으로 다섯 가지를 들고 있다.

첫째는 사람들이 환경에 무모하게 가하는 피해이다. 어떤 사회가 환경적 붕괴를 겪은 이유에는 주민의 무분별한 행위 이외에 그 사회가 지닌 환경적인 면의 취약성과 복원력이 있다.

둘째는 기후의 변화이다. 인간으로 인해 야기된 지구의 온난화의 문제이다. 자연적인 기후 변화의 사례로는 200만 년 전에 시작된 빙하기, 기원후 1400년부터 1800년까지 계속된 소빙기(小氷期)에 형성된 얼음판의 이동, 1815년 4월 5일 인도네시아 탐보라 화산의 폭발로 찾아온 저온 현상이다. 환경 훼손과 기후 변화가 겹치면 그 결과는 파국이었다.

셋째는 적대적인 이웃이다. 강한 힘을 가진 때는 적을 견제할 수 있었지만 어떤 이유로 힘이 약해지면 적의 침략을 받았다. 군사적 정복이 붕괴의 근인(近因)이 되며 궁극적 요인은 약화를 유발한 요인이다. 서로마제국의 몰락, 아리아인의 침략과 인더스 계곡의 하라파 문명의 몰락, '바다의 사람들'의 침략이 미케네 문명과 지중해 사회의 몰락을 가져 왔고, 그리고 또한 여기서 집중하여 기술할 앙코르 와트를 건설한 크메르 제국의 몰락과 타이 민족의 침략을 들 수 있다.

네 번째는 우호적인 이웃의 지원이 중단되거나 줄어든 경우이다. 무역 상대국이 환경 재앙으로 약해져서 기본적인 필수품이나 문화적 연대를 공급하지 못하게 되면 해당사회도 동시에 약해지게 된다. 제1세계가 제3세계 국가들의 원유에 의존하고 있는데, 산유국이 1973년에 원유 생산을 제한하면서 제1세계가 커다란 타격을 받았다. 과거에도 노르웨이령 그린란드, 핏케인 섬 등에서 비슷한 문제가 발생했다.

다섯째는 한 사회에 닥친 문제에 대한 주민의 반응이다. 한 사회의 반응은 정치 경제 사회적 제도 및 문화적 가치관에 따라 달라진다. 제도와 가치관의 문제를 해결하려는 의지에 영향을 주기 때문이다. 예컨대 이스터 섬, 망가레바 섬, 노르웨이령 그린란드는 숲의 관리에 실패하여 붕괴되었다.

### (2) 크메르 제국의 멸망과 앙코르 와트

#### ① 앙코르 유적의 발견

앙코르 유적지는 과거 크메르 왕국(Kingdom of Khmer)의 유적(902~1431)으로 왕국이 멸망한 후 사라졌다가 19세기에 와서 정글 속에서 발견되었다. 정글 한가운데 자리한 거대한 사원군은 세계 7대 불가사의 가운데 하나로 불릴 만큼 신비롭다. 앙코르 유적지는 1992년 유네스코에서 세계 문화유산으로 지정해 보호하고 있다.

400년이라는 긴 세월 동안 정글 속에 버려져 있던 유적이 발견된 것은 1861년 프랑스 탐험가이며 동식물학자인 앙리 무어에 의해서이다. 학계에 따르면 앙리 무어 이전에 앙코르 유적을 발견한 사람은 따로 있었다. 이곳 주민들 사이에는 이미 정글 속 도시에 대한 이야기가 전설처럼 전해지고 있었다.

1850년에는 숲 속에서 길을 잃고 헤매던 프랑스의 뷰오 신부가 우연히 거대도시를 발견하게 된 것이다. 밀림 속에서 폐허에 가깝게 방치되었던 죽은 도시는 사람들을 두려움에 떨게 하기에 충분했다. 파리로 돌아온 뷰오 신부는 자신이 본 것을 세상에 알렸지만 아무도 그의 말을 믿어주지 않았다.

그 뒤 10년의 시간이 흐른 후 앙리 무어가 전설로만 전해 오던 '그 도시'를 찾아 나서게 되고 마침내 수백 년 동안 잠들어 있던 도시 앙코르를 찾아내게 된다. 앙코르를 발견한 앙리 무어는 몇 달 뒤 우연하게도 열병으로 세상을 뜨자, 이를 가리켜 신의 저주라고 사람들은 말하였다. 이 유적지를 정리하고 길을 트는 데에만 근 100년이 소요되었다 하니 과연 얼마나 우거진 정글로 변해 있었는지 짐작할 수 있겠다.

### ② 크메르 왕국의 융성과 쇠퇴

크메르 왕국은 한때 동남아시아 역사상 가장 왕성했던 제국으로 9세기에서 14세기 사이에 640년 동안 영화를 누렸으며 당시 타이, 라오스, 베트남의 일부를 포함하는 동남아시아 대부분을 통치하고 있었다.

오늘날 남아 있는 웅장한 석조 사원들과 정교한 수도 시설의 잔해가 당시 눈부시게 발달했던 문명을 말없이 증언해 주고 있다. 100제곱마일(약 250㎢)이 넘고 인구가 100만이 되었던 이 도시는 중국과 인도 대륙이 교차하는 지점에 위치해 있었다. 앙코르는 부유하고 활기찬 도시였고 그 시장에는 외국에서 들여온 비단, 서각(코뿔소의 뿔), 상아, 향료, 귀한 목재 등이 넘쳤다.

그러나 앙코르의 번영은 끝나기 시작했다. 1431년 타이인들이 침략하자 크메르인들은 도시를 버리고 도망쳤고 마침내 이 도시는 사라지게 되었다. 앙코르가 함락되자 이 도시를 포기하고 방어에 유리한 프놈펜(Phnompenh)으로 왕도를 옮겼다.

그로스리에 교수의 주장에 의하면, 크메르 제국은 외적인 태국 야유타야족(Ayuttaya)과 베트남 참족(Cham)과의 계속되는 전쟁에 시달리고, 국내에 있는 수백만 노예들의 반란으로 지배계급은 살해되고, 대규모 사원 건축으로 국민의 생활이 피폐해져(전염병설을 주장하는 학자도 있다) 왕조가 쇠퇴의 길로 들어서 멸망하게 되었다고 주장한다. 결국 세상 사람들의 기억 속에서도 잊혀지고 말았다.

### ③ 앙코르 와트와 놀라운 유적들

고고학자들이 앙코르의 녹색 베일을 벗겨내기 시작하자 인간이 성취한 진정한 기적 가운데 하나가 그 웅장한 모습을 드러

▲ 캄보디아 앙코르와트

냈다. 앙코르 와트는 '사원의 도시'라는 뜻이다. '앙코르'라는 말은 산스크리트어(Sanskrit)로 '도읍' 또는 '왕도'를 의미한다. '와트'는 태국어로 '사원'이라는 뜻이다. 앙코르 와트는 힌두사원인 동시에 묘지로 알려져 있다.

12세기경 왕국을 이끌었던 수르야바르만 2세(Suryavarman ll 1112~1152 통치)가 자신의 사후에 머물 곳으로 지은 것이 앙코르 와트라고 한다. 이 때문에 동향을 취한 다른 사원들과 달리 앙코르 와트는 서향을 택하고 있다. 넓은 해자(垓字)에 둘러 싸여 있으며 중앙에 5개의 탑이 서 있다.

앙코르 와트의 특징 중 하나가 정교하게 조각된 부조인데 1층 회랑 벽면을 따라 약 4킬로에 걸쳐 아름다운 부조가 새겨져 있다. 부조는 신화나 민화 속 이야기를 옮기고 있는데 라마야나(Ramayana), 마하바라타(Mahabarata), 힌두교 창세신화 등을 담고 있다. 그 가운데 창세신화인 유해교반(乳海攪拌 Churning the sea of the milk) 부분이 특히 아름답다.

앙코르 와트는 힌두신 가운데 비슈누(Vishnu)에게 바친 사원이다. 사원의 구성이나 설계, 균형, 조각 등 모든 면에서 완벽함을 유지하고 있어 주목을 받고 있다. 앙코르 와트는 여러 층으로 이루어진 탑이다. 층과 층 사이는 수많은 기둥들이 세워진 회랑이 있고, 맨 위에 5개의 탑이 서 있는데 제일 가운데 있는 탑이 가장 높다. 탑은 연꽃 문양을 본떠서 만들었다고 한다.

모든 건물이 동서를 축으로 했을 때 완벽한 대칭구조를 이룬다는 것도 특이하다. 규모만 큰 것이 아니고 질서 정연한 기하학적 평면과 탑당이 입체적으로 배치되어 있어 조화와 원숙미를 동시에 보여 준다. 학자들은 앙코르 와트가 우주의 축소판이라고 한다. 중앙의 높은 탑은 우주의 중심인 메루산(Meru, 수미산 須彌山)을 뜻하고, 5개의 탑은 메루산을 이루는 봉우리를 대신한다.

성벽은 세상 끝을 둘러싼 산맥이며, 해자는 우주의 바다를 뜻하고 있다. 중앙탑이 놓인 3층은 천상계(신들의 세계), 2층은 인간계, 1층은 미물계(동물의 세계)를 나타낸다는 것이 학자들의 의견이다. 하나의 사원에 우주를 담은 크메르인들의 지혜가 놀랍다. 또 3만 명이 넘는 장인들이 30년 걸려 완성했다는 이 사원은 대대로 계승되어 온 크메르인들의 건축기법과 예술을 집대성한 석조건물로 평가되고 있다.

앙코르 유적은 9세기 인드라바르만 1세(Indravarman 1, 877~899 통치)부터 13세기 초반 자야바르만 7세(Jayavarman Vll, 1181~1201 통치)에 이르기까지 약 4세기에 걸쳐 세워진 도시로 불교와 힌두교의 건축기법, 그리고 그들이 믿고 있던 신화가 고스란히 녹아 있는 곳이다. 앙코르 유적은 광대한 곳으로 앙코르 와트 이외에 타프롬 사원(Ta Prohm Temple), 앙코르 톰(Angkor Thom), 바이욘(Bayon Temple), 바푸온(Baphuon Temple) 등이 있다.

앙코르 톰은 앙코르는 왕도(王都)란 의미이고 톰은 크다〔大〕는 뜻이다. 이것은 12세기 말에서 13세기 초 자야바르만 7세가 세운 장방형의 성곽도시로 크메르 왕조의 마지막 수도로 알려져 있다. 발굴 초기 많은 약탈을 당했지만 그나마 남쪽 성문은 보존이 잘되어 있는 편이다. 남문 입구에서는 '고푸(Gopu)' 라는 탑을 볼 수 있는데, 1층과 2~3층을 신계와 인간계로 나눈 점이 흥미롭다. 자야바르만 7세는 1층에 일반 백성들의 출입을 허

락했지만 2층부터는 왕자와 왕족만이 들어올 수 있도록 했다.

1296년부터 2년간 앙코르 톰에 거주했던 원나라의 세관원인 주달관(周達觀)의 기록인 "앙코르 와트의 무덤(魯般眞臘風土記)"을 보면 "왕궁 중앙에는 황금탑(바이욘)이 하늘을 찌를 듯이 서 있고 그 옆에는 20여 개의 탑과 수백 개의 돌로 된 방들이 에워싸고 있다.

그 동쪽에는 황금사자 두 마리가 지키고 있는 황금다리가 있고 양쪽에는 8개의 황금 부처상이 돌로 된 방을 따라 나열되어 있다. 황금탑 북쪽에는 청동으로 된 탑(바푸온)이 솟아 있고 그 북쪽에는 황급탑보다 더 높을지도 모를 황금탑(피미아나가스 Phimeanakas)이 역시 하늘을 향해 솟아 있는데, 그 아래에는 10개도 더 되는 방들이 있어 참으로 장관이다.

이 탑에서 북쪽으로 400미터 즈음에는 왕의 거처가 있으며 왕궁 위쪽에는 또 다른 황금탑이 하늘을 향해 솟아 있다. 이러한 광경을 보는 외국 상인들은 입을 모아 '캄보디아는 대단히 부유하고 우아한 나라' 라고 감탄해 마지않았다."며 당시 크메르 왕국의 모습을 묘사하였다.

④ 앙코르 유적의 문화사상

현재 앙코르 유적지에는 9세기~13세기에 걸쳐 건설된 100여 개의 사원과 5,000여 개의 석상이 발견되었고 유적 복원이 진행 중이다. 앙코르 와트는 12세기 중반에 건설된 것으로 추정되는데 당시 크메르인들 사이에서 유행하던 신인합일사상(神人合一思想)에 의해 건설되었고 후에 불교가 융성하면서 여러 종교가 혼재된 모습을 갖게 되지만 크메르인들의 독자적인 문화와 우주관, 신앙관이 고스란히 담겨 있다.

앙코르 와트는 7톤 무게의 기둥이 무려 1,800개나 되며 홍토를 쌓은 다음 사암을 두껍게 붙인 뒤 조각을 새기기도 하였고 비인도(非印度)적인 부분에는 자바유적과 중국문화의 영향을 받은 듯한 문양이 많았다. 도대체 밀림 속에 위치한 이곳에 그 많은 돌들을 어떻게 날라왔으며, 모든 돌에 그처럼 세밀한 조각을 어떻게 새겨 넣을 수 있었을까 하는 의문이 생긴다. 앙코르 와트는 1908년부터 프랑스의 극동학원에 의해 보수가 시작되었으나 1971년부터의 내전으로 중지되었으며 이 내전으로 회랑벽에 탄흔이 생겼으며 일부가 파괴되었다.

유적군의 거점이 되는 씨엠립(Siem Reap)은 유적지로부터 남쪽으로 약 6킬로 가량 떨어져 있으며 캄보디아 제2의 도시이다. 씨엠립의 씨암(Siam)은 인접국인 태국을 일컫는 말로, 씨엠립의 의미는 '태국에 의해 점령된 곳'이라는 뜻을 담고 있으며, 실제로 크메르 제국의 멸망에는 태국 씨암족의 침략이 결정적인 것으로 알려져 있다.

우리도 환경을 잘 보호하고 외적으로부터 국가를 잘 지키며 우호국과의 외교를 활발히 하여 반만년의 역사와 문화를 지켜 나가야 할 것이다.

〈2005. 1. 6~1. 9〉

* 한국신문학(한국신문학인협회 발행) 2006. 6. 25 게재

# 중국 황산(黃山)과 화가 석도(石濤)

청대(淸代)의 개성주의 화가들 중에서 가장 독창적이고 위대한 화가로 잘 알려진 석도(石濤 1642~1707)는 도제(道濟) 등의 호(號)를 본명보다 더 즐겨 사용했다. 그의 본명은 주약극(朱若極)이며 명(明) 황실의 후예로 광서성(廣西省) 계림부(桂林府)의 정강왕(靖江王)에 봉해졌던 형가(亨嘉)의 장자(長子)로 태어났다.

그러나 그의 부친이 반역죄로 1645년에 체포되어 옥사하는 바람에 두 살 된 어린 석도는 환관의 도움으로 간신히 피신할 수 있었으며 무창(武昌)에 도착한 후에 삭발하고 승려가 되었다. 석도는 20세에 임제종(臨濟宗)의 승려인 사천탑원(泗川塔院)의 여암본월(旅菴本月 ?~1676)의 제자가 되었으며 일년간의 엄한 수행과 노력으로 개오(開悟)의 실적을 인정받았다. 스승으로부터 넓은 천하를 주유(周遊)하여 견문을 넓히라는 말을 들은 석도는 주로 절강(浙江)으로부터 오(吳)와 초(楚)지방을 여행하게 된다.

석도가 안휘성(安徽省)의 황산(黃山)을 처음 오른 것은 그의 나이 26세 때인 1667년(康熙 6년)으로 휘주지부(徽州知府)로

새로 부임한 조정망(曺鼎望 1618~1693)의 초대에 응해서 황산을 유람하게 되었으며 이 시기에 석도의 첫 번째 〈황산도(黃山圖)〉가 완성되었다. 이후 석도는 안휘성(安徽省) 선성(宣城)의 경정산(敬亭山) 남쪽에 위치한 광교사(廣教寺)에 기거했다. 이때에 시화(詩畵)에 뛰어난 매청(梅淸 1623~1697), 매경(梅庚) 형제 등과 교유하였으며 매청과 함께 황산을 올랐다고 한다.

이 시기에 석도가 매청에게 황산도 한 권을 기증했었는데 이러한 사실은 매청의 시를 통해서 알 수 있다. 석도는 1669년에 다시 황산에 갔었으며 한 달간 머물면서 72점의 황산의 경치를 그렸다. 그의 나이 35세 때인 1676년 다시 한번 더 황산을 탐방했다.

석도에게 평생토록 커다란 영향을 끼쳤던 황산은 중국 동남쪽에 위치한 명산으로 석도가 15년간 체류했던 선성(宣城)으로부터 약 120킬로 떨어진 거리에 있다. 황산은 아름답고 수려한 산세로 인해 중국인들에게 제일의 명산으로 꼽히고 있으며 1990년 12월에 유네스코에 의해 세계 자연유산으로 인정되었다.

황산의 천도봉(天都峯 1829m)을 황제가 거닐었다고 전하며 36개의 큰 봉우리와 36개의 작은 봉우리, 모두 72개의 웅장하고 기이한 봉우리들이 연접해 있는 절경으로 수많은 화가들을 매료시켰으며 그림으로 그려졌던 곳이다.

이 가운데 가장 높은 봉우리는 연화봉(蓮花峯)으로 해발 1,873미터에 이른다. 남북으로 약 200킬로에 달하는 황산에는 기이한 소나무와 기암 괴석이 많고 시시각각으로 변하는 구름이 신비스러운 장관을 이루는 아름다운 산이다. 황산은 봉우리가 높고 계곡이 깊고 숲이 울창하고 무성해서 강우량이 높기 때문에 일년에 삼분의 이는 운무(雲霧)로 뒤덮여 있으므로 황산을 황해(黃海)라고 부르기도 한다.

매청(梅淸)의 기사에 따르면 석도가 1670년(康熙 9년) 전후에 황산의 시신봉(始信峯)에 올랐다고 한다. 선성(宣城) 시대에 석도가 제작한 황산도(黃山圖)가 수십 점 현존하며 선성(宣城)에 거주한 15년간 석도는 화선일치(畵禪一致) 사상을 확립했다.

석도는 그의 나이 39세 때인 1680년(康熙 19년)부터 1686년까지 남경(南京)에 살았으며 남경의 일지각(一枝閣)에서 제작한 〈황산도축(黃山圖軸)〉이 남아 있다. 남경 시대의 석도의 대표적인 작품의 예로 자신만의 독특한 화풍을 표출한 유명한 〈황산팔승화책(黃山八勝畵冊)〉(京都 泉屋博古館 소장)을 들 수 있다.

석도는 1689년(48세) 가을에 남순(南巡) 중이던 강희(康熙) 황제를 양주(揚州)의 평산당(平山堂)에서 영접하고 배알했다. 그 해 겨울에는 북경(北京)을 방문하고 1692년까지 3년 동안은 북경에 체류했다.

석도는 그의 나이 52세 때인 1693년부터 사망할 때까지 양주(揚州)에 거주했다. 이때에 그는 환속하여 그의 서재인 대초당(大草堂)에서 문인적(文人的) 직업화가로서의 생활을 영위하였다. 석도는 산수화(山水畵) 이외에도 묵죽(墨竹), 연화도(蓮花圖), 화과화(花果畵) 등에서도 개성미가 넘치는 참신하고 독창적인 양식을 창출했을 뿐만 아니라 시문과 서예에도 뛰어난 솜씨를 발휘했다.

또한 그는 18장으로 된 "화어록(畵語錄)"을 남겼다. 이 "화어록"은 석도의 자연관과 창작과정에 대한 회화사상(繪畵思想)을 이해하는데 중요한 지침서일 뿐만 아니라 회화(繪畵)에 대한 중국의 역대 논문들 가운데서 내용이 심오한 글이다. 양주 시대에도 석도는 30년 전에 유람했던 황산을 회고하여 〈황산도(黃山圖)〉를 수점 제작했으며, 이 가운데 경도(京都) 천옥박고관(泉屋博古館)에 소장되어 있는 〈황산도권(黃山圖卷)〉이 가장 유명하다.

이와 같이 석도가 평생동안 수없이 많은 〈황산도〉를 제작한 사실로 미루어 황산의 경관은 석도에게 있어서 자아실현을 위한 예술적 영감의 원천이었다. 석도 자신이 쓴 〈황산도축(黃山圖軸)〉의 "황산은 나의 스승이고 나는 황산의 벗이다."라는 제발(題跋)을 통해서 석도의 황산에 대한 심회(心懷)를 짐작할 수 있다.

석도는 황산의 경관을 그림으로써 자아실현을 이루었고, 보여지지 않는 이상의 세계까지 서화(書畵)를 통해서 구현함으로써 우주와 하나가 되었다. 그의 화어록(畵語錄)에

"대저 그림이란 것은 천하 변통(變通)의 큰 법이요, 산천의 모습과 기운의 정(精)스런 피어남이요, 예로 지금까지 천지를 창생하는 기의 조화요, 음양의 기(氣)상의 큰 흐름이다. 붓과 먹을 빌어, 그것으로 천지만물을 화면으로 옮기면서, 그 천지만물이 나라는 존재 속에서 생성되고 노닐게 만드는 것이다."

라 하였다. 이와 같이 석도는 자연의 정감 어린 묘사를 통해서 우주의 묘리를 체험할 수 있었으며 그의 자연관과 선(禪)적 깨침이 녹아든 그림을 통해서 타인과 교감했다. 그는 선(禪)의 배를 타고 가면서 붓으로 노를 저어 그의 이상향에 도달하려고 노력했다.

석도의 선(禪)적인 경험의 직관력과 타고난 천부적인 예술적

감수성과 능력이 절묘한 조화를 이루어 석도는 선화일여(禪畵一如)의 정신으로 주옥같은 독창적인 〈황산도(黃山圖)〉 등을 제작했다.

석도의 〈황산도〉들은 석도의 생존 시에 많은 문인들을 감동시켰으며 특히 석도보다 19세 연장자인 매청(梅淸)에게 영감을 주었으며 후대의 나빙(羅聘)을 비롯한 양주팔괴(揚州八怪)로 불렸던 화가들에게도 지대한 영향을 미쳤다. 또한 현대의 석도의 애호가들에게도 그의 그림들은 여전히 참신한 감동과 아름다움을 선사한다. 〈최순택 씀〉

■ 참고 ■

* 석도의 〈황산도〉

• 선성(宣城)시대(1666-1677) 도판1-5, 도판 8-11

• 남경(南京)시대(1680-1687) 도판13-14, 도판17

• 양주(揚州)시대(1693-1707) 도판18-19, 도판21, 도판23-24, 도판26

* 본 논문은 선무학술논집 2005. 2. 제15집, pp.1-19 "石濤의 黃山圖 研究" 중에서 발췌함.

* 필자 최순택 교수

• 1946년 광주(光州) 출생

• 광주 전남여중고교 졸업

• 이화여대 조소과 졸업(1968)

• 독일 쾰른대학교 대학원 미술사학전공(철학박사 1981)

• 원광대 고고미술사학과 교수(1989~현재)

• 원광대 박물관장

* 한국신문학(한국신문학인협회 간행) 2007. 6. 30(통권 제15호) 게재

〈2006. 4. 17~4. 21〉

## 솔베이지의 노래(Solveig's Lied, Solveig's Song)

노르웨이는 북유럽 스칸디나비아 반도 서쪽에 위치하고 있는 나라이다. 노르웨이는 대부분이 상당히 높은 지대여서 자연경관이 수려하고 환상적인 색채를 수놓은 오로라, 산과 폭포, 빙하와 피오르드 등 자연 환경의 대파노라마의 연속이다.

노르웨이 인들은 비옥한 토지를 찾아 국외로 진출, 다른 지역을 차례로 침범한 바이킹(Viking)의 후예들이다. 콜럼버스(Columbus)보다 한발 앞서 서기 1000년경에 아메리카 대륙을 발견하였다.

노르웨이의 극작가이며 시인인 대문호 입센(Henrik Ibsen 1828~1906)이 유명하며 대표작으로는 '인형의 집(Et Dukkehjem 1879)'이 있다.

민속 설화의 내용을 참고로 입센이 쓴 희곡 '페르귄트(Peer Gynt 1867)'는 노르웨이의 대표적인 작곡가 그리그(Edvard Grieg 1843~1907)에 의해 음악으로 꽃을 피우고, 솔베이지의 노래는 그 안에 나오는 감동적인 걸작이다.

북국의 청정한 우수가 서려 있는 이 노래는 노르웨이를 대표하는 명곡이다.

▲ 노르웨이의 아름다운 비경 앞에서 필자 부부

▲ 노르웨이의 피오르드 앞에서 필자 부부

주인공 페르(Peer)는 바이킹의 후예여서 그런지 가만히 지내지 못하고 탐험과 방황, 도전의 삶을 살았다. 어머니와 둘이서 가난하게 살았던 그는 농사일보다 총과 낚싯대를 메고 스키를 타며 고향의 산천을 바람처럼 누비며 다녔다. 그는 솔베이지(Solveig)라는 장래 결혼을 약속한 청순한 연인이 있음에도 불구하고 평생을 모로코, 아라비아, 미국 등으로 부와 모험으로 유랑 생활을 하며 돌아다녔다.

갖은 고생 끝에 돈을 모아 고국으로 돌아오다가 국경에서 산적을 만나 그동안 번돈을 다 빼앗기고 고생 끝에 겨우 고향으로 돌아오지만, 고향의 어머니 오제(Ases)는 이미 돌아가시고, 어머니가 살던 오두막집에 도착해 문을 여니 어머니 대신 사랑하는 연인 솔베이지가 백발노인이 되어 버린 페르귄트를 맞는다.

병들고 지친 페르귄트는 연인 솔베이지의 무릎에 머리를 누이고 눈을 감는다. 솔베이지는 꿈에도 그리던 연인 페르귄트를 안고 〈솔베이지의 노래〉를 부르며 솔베이지 그녀도 페르귄트를 따라간다.

근대인의 부(富)와 권력 추구에서 오는 정신의 황폐, 인간의 과대한 야망의 덧없음을, 그리고 자기를 버리고 간 방탕한 연인을 백발이 될 때까지 가슴속에 간직한 청순무구를 대조하여 최후의 구원을 발견케 한다. 입센의 작품 중에서는 가장 분방한 상상력을 구사한 작품으로 알려졌다.

이 희곡을 토대로 작곡가 그리그는 같은 제목의 부수음악을 작곡, 1876년 초연하였다. 뒤에 편곡하여 각 4곡으로 된 두 가지 관현악용 조곡을 만들었는데, 제2조곡의 제4곡 〈솔베이지의 노래〉는 잘 알려진 곡이다.

솔베이지의 노래(Solveig's Song)

1. 그 겨울이 지나 또 봄은 가고, 또 봄은 가고,
   그 여름날이 가면 더 세월이 간다, 세월이 간다.
   아! 그러나 그대는 내 님일세, 내 님일세.

내 정성을 다하여 늘 고대하노라, 늘 고대하노라.
아- 아- 아-...

2. 그 풍성한 복을 참 많이 받고, 참 많이 받고.
오, 우리 하느님 늘 보호하소서, 늘 보호하소서.
쓸쓸하게 홀로 늘 고대함 그 몇 해인가?
아! 나는 그리워라, 널 찾아 가노라, 널 찾아 가노라.
아- 아- 아-...

1. The winter may pass and the spring disappear, the spring disappear.
The summer too will vanish and then the year, and then the year.
But this I know for certain, you'll come back again, you'll come back again.
And even as I promised, you'll find me waiting then,
you'll find me waiting then.
Oh- oh- oh...

2. God help you when wandering your way all alone,
your way all alone.
God grant to you his strength as you'll kneel at his
throne, as you'll kneel as his throne.
If you are in heaven now waiting for me,
in heaven for me.
And we shall meet again love and never parted be,
and never parted be!
Oh- oh- oh...

<2009. 5. 18>

# 핀란드 시골 상점의 성공 비결

핀란드 중부지방 퇴위새군의 투리 마을에 케스키넨 형제가 운영하는, 전국적으로 명성이 높은 유명 상점이 있다. 투리 마을의 주민은 불과 500명에 지나지 않고 그 고장에서 33세의 상점 주인 베사 케스키넨이 매년 총액 5억 핀란드마르크(약 1,400억 원) 이상의 매상을 올리고 있으며, 그 마을에는 주민이 전원 취업되었다.

그가 이룬 기적에 외국에서까지 관심을 보이고 있다. 상점 주인 베사는 가업을 3대째 이어 오고 있다. 그의 할아버지 토이보 케스키넨은 행상으로 전국을 누비고 다니며 가족을 부양했다. 1954년 그는 산간벽지나 다름없는 투리에 자그마한 상점을 차렸다. 아들 케스키넨이 그 상점을 물려 받았다. 6년 반 전, 그 상점의 운영권은 베사에게 넘겨졌다.

베사의 사무실은 크기가 고작 3제곱미터에 불과했다. 창문도 없는 초라한 방에는 주인 이외에 겨우 한 사람의 방문객이 나무 걸상에 앉을 수 있는 공간밖에 없었으며, 주인 베사는 성품이 매우 겸손했다.

핀란드의 이름난 기업 상담가 야리 사라스부오는 베사의 성공 비결은 간단하다고 말한다.

"그는 자기가 무슨 일을 하고 있는지 알고 있으며 자신의 돈으로 그 일을 해낼 각오를 하고 있습니다. 그는 종업원들에게 친절합니다. 그 밖에도 그는 성공을 위해서는 저렴한 가격 이상의 것이 필요하다는 사실을 알고 있습니다."

투리 마을은 핀란드의 유명 관광지의 하나로 꼽히게 되었다.

베사는 한 초등학교 학생에게 선행상을 주면서 다음과 같은 편지를 보냈다.

"정직은 가장 고귀한 인간의 성품이다. 정직은 우리 인생의 모든 분야에 있어서 성공에 이르는 관건이다. 이는 누구나가 아는 사실이지만 유감스럽게도 그 의미를 진정으로 이해하는 사람은 드물다. 정직을 행하기 위한 용기는 우리의 가슴속에서 우러나오는 것이다."

〈2009.12. 29〉

＊＊2010. 1~2월호 영한대역 리더스 다이제스트 "관광 명소가 된 핀란드의 시골 상점"(톰 룬드버그)에서 요약＊＊

# 제 2 장

# 국내여행

# 안성(安城) 칠현산 칠장사(七賢山 七長寺)

## (1) 칠장사 연혁

칠장사는 경기도 안성시 죽산면 칠장리에 위치하고 있는 고찰로서 대한불교조계종 제2교구 용주사의 말사이며 경기도 문화재 자료 25호로 지정되어 있다. 사찰이 번창할 때는 건물이 대웅전을 비롯하여 총 56동이 있었다는 기록이 있다. 국보, 보물급 등 다량의 문화재를 보유하고 있다.

칠장사가 위치한 칠현산은 본래 아미산이었는데 고려 시대 혜소국사(972~1054)가 악인 7인이 찾아왔으며 국사가 법요로 교화하여 일곱 현인을 만들었다는 연유로 산 이름을 칠현산으로 고쳐 부르고 칠장사(漆長寺)를 칠장사(七長寺)로 개칭하였다고 한다.

7세기 중엽(신라 진덕여왕, 648년경)에 자장율사가 창건하고 고려 헌종 5년(1014년)에 혜소국사에 의해 크게 중수되었으며 고려 문종 14년(1060년)에 왕명으로 혜소국사의 행적비가 세워졌다.

1623년(조선 중종 즉위년) 인목대비는 광해군에 희생된 아버지 김제남과 아들 영창대군을 위해 칠장사를 원당으로 삼고 크게 중수하였으며 5불회괘불 1점, 김광명(金光明)에게 최승경(最勝經) 10권 1질, 친필족자 1령을 하사하여 현재 친필 족자 1령만 보존되고 있다.

서기 1703년(숙종 29년)에 탄영 스님이 비전 개울 옆 바위 위에 나한전을 지었다.

### (2) 혜소국사비

보물 488호로 지정되어 있다. 고려 시대 혜소국사의 탑비로서 비신의 높이는 227센티미터, 너비 127센티미터이다. 고려 문종 14년(1060년)에 건립되었다. 이수(螭首)는 몸을 매우 입체적인 부조로 표현했는데 정교한 정도가 뛰어나다.

비신은 검은 대리석으로 만들었는데 양측면에 두 마리의 용이 부조되어 있다. 비문 내용은 혜소국사의 일대기를 기록한 것으로써 글씨 모양이 화려하면서 마치 붓으로 직접 쓴 듯한 착각마저 일으킨다. 비신은 중간이 절단되어 심하게 파손되었지만 귀부와 이수의 조각이 힘차며 비신 양옆의 쌍용조각은 화려하다.

### (3) 나한전과 박문수(朴文秀 1691～1756)

조선 시대 암행어사로 유명한 박문수가 과거를 보러 한양에 가는 길에 칠장사에서 하룻밤을 머물면서, 나한전에 유과를 올리고 나한님에게 불공을 드리고 잠을 잤는데 꿈 속에서 과거시험 문제 8개 중에 7개가 나왔으며 장원급제를 하였다고 한다

(夢中登科詩). 시험 합격을 비는 사람들의 발길이 많은 곳이다.

*박문수 - 조선 후기의 문신이다. 군정(軍政)과 세정(稅政)에 밝았으며, 암행어사 때의 많은 일화가 전해지고 있다.

1723년(경종3년) 문과에 급제, 1742년 병조판서, 1749년 호조판서, 1753년 우참찬

(4) 임꺽정(林巨正 ?~1562)

이조 명종(1560년경) 때에 병해대사는 주석하다가 입적하였는데, 임꺽정의 소년 시절, 칠장사의 병해대사(갖바치스님)에게 여러 가지 가르침을 받고 임꺽정과 그의 무리들은 칠장사를 정신적 의지처로 삼았다. 임꺽정은 스승 병해대사를 위해 목불을 조성하였는데 지금까지 보존되고 있다.

임꺽정은 조선 중기 황해도, 함경도 등지에서 활동하던 도둑이다. 조선 중기 양주(楊州) 출신으로 조선 13대 명종(明宗 1545~1567)의 정치 혼란과 계속된 흉년으로 관리의 부패가 심해져 민심이 흉흉해지자 불평분자를 규합, 황해도와 경기도 일대에서 관아를 습격하고 창고를 털어 곡식을 빈민에게 나누어 주어 의적이라고 불렸다. 1562년 1월에 구월산에서 체포되어 한양으로 압송되어 사형 당하였다.(조선 3대 도둑-홍길동, 임꺽정, 장길산)

(5) 궁예(弓裔 870-918, 재위 901~918)

후고구려, 마진의 군주이다. 신라 헌안왕(혹은 경문왕)이 후

궁을 통해서 얻은 아들이다.

＊삼국사기에 기록된 출생 일화

궁예가 5월 5일에 태어났을 때, 일관(日官)이 말하기를 단옷날에 태어났으며 나면서부터 이가 나고 또한 이상한 빛까지 나타나므로, 그는 국가에 해로울 것이라고 하였다.

왕은 궁예를 죽이도록 명령했다. 그러나 군사는 갓난아기의 궁예를 죽이지 못하고, 궁전 아래에 내던져 버렸다. 궁전 아래에서 떨어지는 궁예를 유모가 보고 달려갔지만, 유모의 손가락이 눈에 박혀서 애꾸눈이 되었다. 궁예가 어린 시절 유모에 의해 경주를 떠나 세달사(강원도 영월)를 거쳐 칠장사에 숨어 지냈다. 궁예가 10세까지 칠장사에서 유년기를 보내면서 활 연습을 했던 활터가 남아 있다.

〈2011. 9. 30〉

# 여주 이포보

* 소재지 : 경기도 여주군 대신면 4대강 16개 보 중 하나.
* 수문 높이 : 3미터.
* 보 길이 : 591미터.
* 완공 및 개방일자 : 2011. 10. 22

4대강 사업의 최대 특징은 3년 남짓한 사업 기간(2009년 말~2012년) 동안 한강, 낙동강, 금강, 영산강을 정비하는 데 총 22조 원(지류 정비사업까지 합치면 37조 원)이 넘는 예산을 집중투자하는 '초대형, 초단기' 국책 사업이라는 점이다. 홍수 방지 효과 등 4대강 사업의 긍정적인 측면에도 불구하고 일부 전문가들은 '막대한 예산이 단일 하천공사에 투입되는 바람에 정작 미래의 국가경쟁력을 좌우할 IT(정보통신), 교육, 바이오 분야 등 미래 먹거리를 만들 분야 투자가 빈약해졌다'고 지적하고 있다.

현 정부의 소위 '4대강 살리기 사업'이 사실상 완공 단계에 접어들었다. 보(洑) 건설, 강바닥을 긁어내는 준설작업이 마무리 단계에 돌입한 것, 정부가 홍수예방과 하천생태 복원을 내걸고 22조 원의 예산을 투입, 2009년 10월 본격 착공한 지 2년 만의 일이다.

4대강 사업의 최대 핵심은 보 건설이다. 보는 강물을 가두어 수자원을 확보하고, 유속을 조절해 홍수조절 기능을 담당한다. 16곳 중 10곳이 완공됐고 나머지도 다음 달 26일이면 개방된다.

이포보는 4대강 16개 보 호감도 조사에서 최고 명품보로 꼽혔다. 백로가 비상하는 형상의 조형물이 있고 백로알을 상징하는 7개의 둥근 금속구조물이 수문을 여닫는 권양기를 감싸고 있다. 744미터의 공도교는 자전거와 사람이 오갈 수 있고 그 아래에 고정보 1개와 가동보(움직이는 수문) 6개가 있다. 고정보 앞쪽에는 물놀이를 할 수 있는 9,489제곱미터의 수중광장과 어도 관찰과 공연을 할 수 있는 1,000제곱미터의 문화광장이 꾸며져 있다.

공도교와 수중광장, 문화광장은 공식 개방식이 끝나고 10월 23일부터 이용할 수 있다. 수중광장 반대편에는 연간 발전량 17,838MW의 소수력발전소가 들어서 3,500가구가 사용할 수 있는 전력을 생산한다.

이포보 인근 당남지구와 당남리섬에는 자연학습장과 스포츠파크, 레저 캠핑장, 피크닉 파크, 야생초 화원, 산책로 등이 조성되어 있다.

〈2012. 10. 28〉

## 동계 올림픽 유치 후보지 평창

평창군은 2010년 동계 올림픽과 2014년 동계 올림픽 유치 후보 도시 중 하나였으나 2회 연속 탈락하였고, 2018년 동계 올림픽 유치 후보 도시로 신청하였다.

가장 먼저 평창은 2010년 동계 올림픽 유치권을 두고 캐나다 밴쿠버, 오스트리아 잘즈부르크와 경쟁하게 되었다. 1차 투표에서 51표를 얻어 2위 밴쿠버와 11표 차이로 1위를 했으나, 2차 투표에서 53표를 얻어 56표를 얻은 밴쿠버가 개최지로 선정되었다.

2010년 동계 올림픽 유치에 실패한 평창은 2014년 동계 올림픽 유치도 희망했다. 2006년 6월 22일, 후보지는 오스트리아 잘즈부르크, 러시아 소치 그리고 평창으로 좁혀졌다. 2007년 7월 4일, 잘즈부르크가 경쟁에서 밀려나고, 소치가 단 4표 차로 평창을 누르고 개최지로 선정되었다.

두 번 연속으로 개최지 선정에서 탈락한 평창은 2009년 10월 15일, 프랑스 안시, 독일 뮌헨과 함께 2018년 동계 올림픽 유치 후보 도시로 선정되었다. 만약 평창이 2018년 동계 올림픽 개최지로 선정된다면, 2018년 동계 올림픽은 일본 삿보로에서 열린 1972년 동계 올림픽, 나가노에서 열린 1998년 동계 올림픽과 함께 아시아에서 세 번째로 열리는 동계 올림픽이 될 것이다.

평창은 동계 올림픽 유치를 위해 드림프로그램을 실시하고 있다. 드림프로그램은 평창이 국제올림픽 위원회에 제시한, 동계 스포츠가 발달하지 않은 국가들에서 온 어린이 선수 육성 프로그램으로, 2004년부터 2009년까지 39개국 693명의 청소년이 참여하였다.

평창에선 국제 규격의 스키 리조트인 알펜시아가 완공되었고, 동계 올림픽 주경기장이 건설 중에 있다. 설상경기는 평창과 정선, 빙상경기는 강릉에서 개최될 예정이고, 모든 경기장은 30분 이내의 거리에, 역대 올림픽 사상 가장 가깝게 배치될 예정이다.

2018년 평창 동계올림픽 유치위원회는 대한민국의 피겨스케이팅 선수 김연아를 홍보대사로 위촉했다.

〈2011. 6. 24〉

# 음성 큰바위얼굴 조각 공원

충북 음성군 생극면 관성리에 있는 음성 큰바위얼굴 조각 공원은 중부고속도로 일죽 인터체인지에서 가까운 거리에 위치하고 있으며, 음성 현대정신병원 입구와 나란히 하고 있으며, 병원 설립자와 조각 공원을 세운 이가 동일하다.

음성 큰바위얼굴 조각 공원은 음성 현대정신병원의 이사장 정근희 씨가 1994년부터 추진하여 10년 만에 개원한 공원으로 조각상은 모두 중국, 인도네시아, 베트남 등지에서 제작하였다. 조각의 선정은 대종교가, 정치지도자, 발명가, 작가, 철학자, 과학자, 탐험가, 예술가, 혁신가, 스포츠인, 노벨수상자를 총망라해서 인류의 문명을 좌우했고, 인류의 문명에 영향을 끼쳐 역사의 흐름을 바꾼 인물들로 엄선하였으며, 위인들의 삶을 진솔하게 조각으로 꾸몄다고 한다.

처음에는 입원환자들을 위해 만들었는데 관심 있게 찾는 이가 많고, 교육적인 장소가 될 것 같아 규모를 늘려 지금의 모습을 갖췄다고 한다. 현재 음성 현대정신병원을 중심으로 17만 평의 부지에 조성된 큰바위얼굴 조각 공원은 현재 185개국의 위인상 3,000여 점이 있다.

조각 공원으로 들어가면 곧 빽빽하게 서 있는 석상군과 마주한다. 인물 조각상이 1,700여 개, 일반 석상이 1,300여 개에 이르니 하나하나 구경하기에 벅찬 규모다. 전시관을 20개의 전시관으로 구분하여 조각상을 전시하였지만, 너무 방대하여 관심있게 살펴보지 않으면 절반도 보지 못하기 쉽다. (2시간 정도 시간이 소요됨).

전시 1관 세계 4대 성인과 제자들
전시 2관 한국의 대통령과 고종황제
전시 3관 세계 여성 정치인과 노벨 평화상 수상자들
전시 4관 독립운동가와 세종대왕
전시 5관 예수님과 제자들
전시 6관 맥아더 장군과 3.1 운동 애국지사들
전시10관 큰바위얼굴과 세계 경제인들
전시11관 이성계와 종교지도자들
전시12관 쌍둥이 광개토대왕비와 고구려왕
전시13관 세계 골프선수들
전시14관 노벨 문학상 수상자들과 세계 연예 스타
전시17관 부처님과 와불 18나한 탑
전시18관 그리스 12신과 람세스2세 동상

화강암 조각상은 대부분 높이 2~3미터에 무게 40톤 정도다. 보통 석상 하나를 조각하는데 5~6명의 조각가가 6개월 정도 작업한다.

큰바위얼굴 조각 공원에는 새롭게 변모하는 역사를 계속해서 기록하고 있으며, 현재는 이명박 전 대통령, 박태환, 앙드레김,

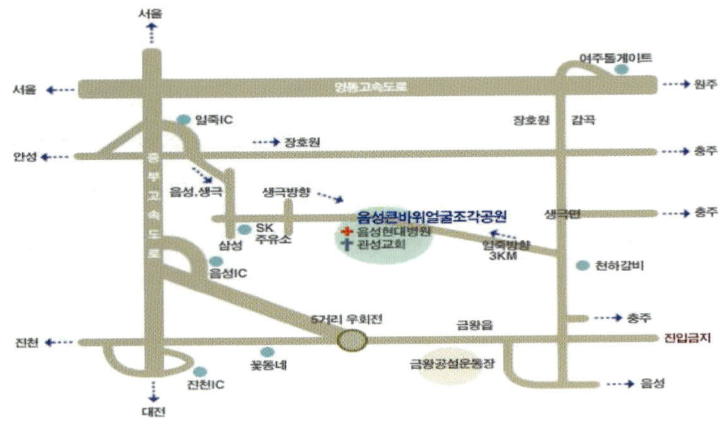


조수미, 김연아의 조각상을 준비 중이라고 한다.

박근혜 대통령의 전신상이 이미 서 있는 것을 볼 수 있으며, 반기문 유엔 사무총장(음성군 원남면 상당리 출신)은 전시6관에 전시되고 있다.

**나다니얼 호손(Nathaniel Hawthorne 1804~1864) 단편소설 "큰 바위 얼굴(The Great Stone Face)"

어니스트가 어머니의 영향으로 어린 시절부터 큰바위 얼굴을 닮은 사람을 동경하는 이야기이다. 그의 작품에서 많이 보여지는 분위기답게 교육적인 내용을 띠며, 막대한 부나 사회적 지위보다 지속적인 자기 성찰이 인간의 위대한 가치를 드높인다는 것을 보여 준다(1850년 출간).

〈2013. 4. 8〉

* 공원 주소 : 충북 음성군 생극면 관성리 9-1번지
* 전화번호 : 043-882-4111(대표번호) * Fax : 043-878-4117
* 관람시간 : 평일 오전 09시~오후 06시
  휴일 오전 08시~오후 06시

# 자연의 비경 강원도 정선(旌善)

강원도 정선은 산과 물이 많고 최고의 비경을 간직한 고장으로 지하자원, 토양자원, 경관자원(1,000m 이상 명산 22개소)을 구비한 아름다운 산골이다. 자연경관이 풍부해 갈 곳이 많으나 여기에 대표적인 몇 군데만 소개한다.

## (1) 화암동굴(華巖洞窟)

강원도 지방기념물 제33호로 1922년부터 1945년까지 금을 캤던 천포광산으로 연간 순금 22,904g를 생산하는 국내 5위의 금광이었던 곳으로 금광굴진 중 발견된 천연 종유동굴과 금광갱도를 이용하여 〈금과 대자연의 만남〉이라는 주제로 개발된 국내 유일의 테마형 동굴이다. 천연 동유굴은 2,800㎡ 규모의 광장이고 관람 길이는 1,803미터로써 전체 관람 구간은 5개의 장, 4개존으로 구성되었으며 관람 소요 시간은 1시간 30분 정도이다.

역사의 장, 금맥 따라 365, 동화의 나라, 금의 세계, 대자연의 신비 등의 주제에 따라 다양한 볼거리를 제공하여, 특히 어린이들에게 재미있고 유익하면서 교육적인 효과도 있다. 화암동굴은 단순히 보고 즐기는 관광지가 아니라 종유석이 자라고 있는 동굴생태관찰, 금채취과정 및 제련과정 등 동굴체험의 교육현장으로 각광받고 있어 모노레일을 타고 갈 수 있으며 은은히 흘러나오는 정선아리랑을 즐기면서 창밖의 경치를 구경하는 것도 재미있다.

① 5개의 장

㉮ 역사의 장 : 천포광산 개발 당시의 모습을 재현하고, 실제 금광맥, 채굴적(광산시설, 흔적 등) 등이 보존됨.

㉯ 금맥 따라 365 : 상부 갱도와 하부 갱도를 연결하는 고저차 90미터의 천연동굴로 365개의 계단, 석화, 용식공 등 동굴의 신비를 느낄 수 있음.

㉰ 동화의 나라 : 화암동굴 캐릭터(금깨비, 은깨비)를 통해 금광개발 과정과 금의 가치 등을 동화적으로 연출함.

㉱ 금의 세계 : 185kg의 순금괴, 영상물, 디오라마를 통해 금에 대한 모든 것을 살펴볼 수 있음.

㉲ 대자연의 신비 : 동양 최대의 유석폭포, 대형석순과 석주, 마리아상, 불자상, 석화와 곡석이 즐비하게 자라고 있는 천연종유굴로 태고의 신비굴을 만끽할 수 있음.

(2) 정선5일장

정선5일장은 전국 최대 규모의 민속장으로 1966년 2월 17일 처음 열렸다(2, 7, 12, 17, 22, 27). 처음에는 인근 산골에서

채집되는 각종 산나물과 생필품을 사고파는 작은 규모의 장이었으나 현재는 주위 관광지와 연계한 체험여행 코스로 널리 알려져 있다.

장날에는 시장을 찾는 사람들이 무척 많아서 복잡하지만 장날이 아닌 날에는 생각보다 한가롭다. 상설시장이기에 장날이 아닌 날에 그곳을 방문해도 다양한 지역 특산물들을 만나 볼 수 있다.

정선하면 황기와 더덕이다. 산나물 뿐만 아니라 생선과 건어물도 다양하게 즐비되어 있다. 낯설긴 하지만 정선5일장에 오셨다면 먹어 보아야 할 콧등치기 국수, 그리고 묵밥이 있다. 몸에 좋은 산나물 곰취로 담은 장아찌! 시장 밖으로 나오면 옛날 물품이나 직접 만든 듯한 물품들도 팔고 있다. 대문 문고리, 촛대, 엿가위 등을 팔고 있다.

정선5일장이 서는 위치는 강원도 정선군 정선읍 봉양리이다.

### (3) 정선아리랑

강원도 정선지방에 전승되는 민요. 강원도 무형문화재 제1호. 현지에서는 '아라리' 또는 '아라리타령'이라고도 한다. 정선지방에서 발생한 노래라고는 하나 태백산맥의 동쪽 전역과 남, 북한강 유역에 고루 분포하는데, 이 넓은 지역을 아라리권 또는 메나리토리권이라 하여 다른 지역과 구별짓고 있다. 대표적인 세 개의 아리랑, 곧 〈진도아리랑〉〈밀양아리랑〉〈정선아리랑〉 중 그 분포지역이 가장 넓다.

이 노래가 불리기 시작한 것은 적어도 600년 이전부터이다.

조선 건국 직후에 고려를 섬기던 신하들이 정선지방으로 피신하여 숨어 지내면서 자신들의 정한을 노래에 담아 불렀다고 하는데, 이것이 그 이전부터 불리던 정선 지역 토속민요와 만나 정선아라랑의 기원을 이룬 것으로 추측하고 있다. 본래 이 노래는 아라리라고 불렸는데, 훗날 '아리랑'으로 이름이 바뀌었다. 그 후 전란과 폭정 때에는 고달픈 백성들의 목소리를 담아 내려오다가 조선 후기에 이르러서 '아리랑 아리랑' 하는 음률을 붙여 부르게 되었다 한다.

일제 강점기에는 나라 없는 민족의 서러움과 울분을 애절한 가락에 실어 스스로 달래기도 했는데, 사상이 담긴 노래는 일제에 의해 탄압됨에 따라 애정과 남녀관계의 정한을 소재로 한 새로운 노래가 많이 불리었다고 한다.

정선은 한강의 최상류로서, 이 지역에 뗏목을 타고 서울을 오가던 사람들이 부른 아리랑은 곧 강원도의 다른 지역은 물론 서울까지 퍼지게 되었다. 그 결과 현재 평창, 삼척 등 강원도의 다른 지역에서도 '어러리', '어러레이' 등 정선아리랑에서 유래한 민요들이 전해지고 있다.

### 정선아리랑

정든 님이 오셨는데 수인사를 못하고
행주치마 입에다 물고서 눈으로만 반기네
아리랑 아리랑 아라리요
아리랑 고개 고개로 날 넘겨 주게.

태산이 무너져 사해 들 평지가 되더라도
우리들에 드는 정분은 변치를 말자.
아리랑 아리랑 아라리요
아리랑 고개 고개로 날 넘겨 주게

꽃 본 나비야 물 본 기러기 탐화봉접(探花蜂蝶)이 아니냐
나비가 꽃을 보고서 그냥 갈 수 있나.
아리랑 아리랑 아라리요
아리랑 고개 고개로 날 넘겨 주게.

앞 남산 살구꽃은 필락말락하는데
우리들의 정분은 들락말락한다.
아리랑 아리랑 아라리요
아리랑 고개 고개로 날 넘겨 주게.

울타리 밑에 저 닭은 모이나 주면 오잔나
저 건너 큰아기는 무엇을 주면 오나.
아리랑 아리랑 아라리요
아리랑 고개 고개로 날 넘겨 주게.

당신은 거기 있구 나는 여기 있어도
말 한 마디 못 전하니 수천리로구나.
아리랑 아리랑 아라리요
아리랑 고개 고개로 날 넘겨 주게.

〈2012. 9. 28〉

# 천안독립기념관

## (1) 건립 경위

국난을 극복하고 민족의 자주와 독립을 위해 헌신한 조상들이 남긴 자취와 자료를 수집 전시함으로써 후손들에게 민족의 얼과 긍지를 심어주기 위하여 1982년 8월 23일 독립기념관 건립발기대회를 개최하고 동년 8월 31일 국민의 성금모금을 시작하였으며, 동년 10월 5일 독립기념관 건립 추진 위원회를 설립하였다.

1986년 5월 9일 독립기념관법(법률 제3820호)을 공포 시행하였고, 1987년 8월 15일 독립기념관을 준공 개관하였다.

* 위치 : 충남 천안시 동남구 목천읍 삼방로 흑성산록
* 규모 : 대지 120만 8,135평, 건물 37동(1만 6,959평)

## (2) 주요 시설물

### ① 겨레의 집

독립기념관의 상징이자 중심 기념홀의 역할을 하는 건물이다. 길이 126미터, 폭 68미터로써 축구장만 한 크기로 높이는

15층(45미터)에 이르는 동양 최대의 기와집이다. 고려 시대 건축물인 수덕사 대웅전을 본떠 설계한 맞배지붕 건물이며, 북경의 천안문보다 더 크다.

② 겨레의 탑

민족의 비상을 표현하고 있는 겨레의 탑은 막 대지를 박차고 하늘로 날아오르는 새의 날개 같기도 하고, 기도하는 양손 같기도 하다. 과거와 현재와 미래에 걸친 영원 불멸의 민족 기상을 표상하고 민족의 자주 자립을 향한 의지를 나타낸 것이다. 전, 후면에 무궁화와 태극의 약동하는 부조가 있고, 탑 내부에는 청룡, 백호, 주작, 현무의 4신도를 상징화한 모자이크 조각이 4면을 장식하고 있다. 바닥에는 화강석으로 국토가 그려져 있고, 황동주물관 24괘로 방향을 표시하고 있다. 높이가 51미터인 대형조형물이다.

③ 불굴의 한국인 상

겨레의 집 내부 대형홀 중앙에 위치하여 애국애족의 정이 솟아오르게 하는 기념관 상징 조형물로서 불굴의 독립정신과 강인한 한국인 상을 상징한다. 1개당 무게가 3~4톤 나가는 화강암 274개를 적석하여 하나의 군상을 이루는 환조이다. 뒷면에는 백두산 천지의 부조가 조각되었으며, 이로부터 조각상이 연결되어 용솟음치듯 창공을 향해 전진하는 자세를 취하고 있는 것은 백두산 정기를 받은 우리 민족의 자주와 독립, 인류평화와 번영을 향해 쉼없이 표출되었던 불굴의 기상을 표상한 것이다. 뒷면 양쪽에 억압의 사슬을 끊고 자유와 나라의 독립을 위해 나아가는 독립투쟁의 용사 상이 부조되어 있다.

④ 전시관

7개의 전시관, 대공간, 소공간, 특별전시실로 구성되어 있다.

a) 제1전시관 겨레의 뿌리
b) 제2전시관 겨레의 시련
c) 제3전시관 나라지키기
d) 제4전시관 겨레의 함성
e) 제5전시관 나라되찾기
f) 제6전시관 새나라세우기
g) 제7전시관 함께하는 독립운동

⑤ 자료실

전시자료와 연구자료를 보관하고 자료실 시설은 3개소로 구성되어 있다.

⑥ 통일염원의 동산

⑦ 추모의 자리

### (3) 교통

기차 : 천안역에서 버스 이용(12km) 약 25분 소요.

승용차 : 경부고속도로로 목천(독립기념관) 나들목에서 2km.

〈2011. 11. 25〉

# 최치원(崔致遠)과 고운사(孤雲寺)

-사촌마을을 가다

## (1) 최치원(崔致遠 857년~?)

최치원은 경주에서 출생하였으며 신라 말기의 문장가, 학자이며, 자는 고운(孤雲)이다. 당나라에 유학하여 과거에 급제, 선주 수현위(宣州 水縣尉)가 되고 승무랑(承務郎), 시어사(侍御史), 내공봉(內供奉)에 올라 자금어대(紫金魚袋 : 격황소서의 공로로 황제가 내린 금으로 칠해진 허리띠)를 하사받았다. 나중에 빈공과(당나라에 있는 외국인 과거시험)에 급제하였다.

귀국하여 시독 겸 한림학사(侍讀兼翰林學士), 수병부시랑(守兵部侍郎), 지서서감(知瑞書監)이 되었으며, 진성여왕에게 시무책(時務策) 10여 조를 올려 정치의 혼란을 시정하려 하였으나 뜻대로 되지 않고 외직을 자청, 태산(太山 : 지금의 전북 태인) 등지의 태수(太守)를 지내다가 문란한 국정을 통탄하고 벼슬을 버리고 합천 해인사에서 여생을 보내면서 많은 저술을 남겼다.

그의 저술로는 '중산복기집(中山覆簣集)' 5권, '계원필경(桂

苑筆耕)' 12권, '제왕연대력(帝王年代歷)' 1권, '문집(文集)' 30권 등이 있었으나 지금은 '계원필경'과 '낭혜화상비(朗慧和尙碑)' 등 비문(碑文)이 남아 있다. 안랑비서문(안郎碑序文)이 '삼국사기'에 남아 있다.

최치원은 육두품(六頭品) 출신이다. 육두품 출신들은 국학(國學)에 입학하거나 도당(渡唐)하여 유학하고 유학자가 되는 사람이 많았다. 이는 육두품 출신들이 골품사회의 신분제약을 학문적 능력에 의하여 극복하려고 하였다. 주요 육두품 출신에 의해 담당된 신라의 유교는 결국 골품제를 비판하고 사회의 모순을 개혁하려는 방향으로 나타나게 되었다.

(2) 고운사(孤雲寺)

* 소재지 : 경북 의성군 단촌면
* 등운산(767m)

고운사는 신라 신문왕 원년(681년)에 화엄종의 시조인 의상대사가 창건한 사찰이다. 부용반개형상(연꽃이 반쯤 핀 형국)의 천하명당에 위치한 이 사찰은 원래 고운사(高雲寺)였다. 신라말 최치원이 여지, 여사 양대사와 함께 가운루(경북 유형문화재 第151호)와 우화루를 건축한 이후 그의 호인 고운(孤雲)을 빌어서 고운사로 바뀌었다.

고려 태조 왕건의 스승인 도선국사가 가람을 크게 일으키어 세웠으며 그 당시 사찰의 규모가 오법당십방사(五法堂十房舍 5동의 법당과 10개의 요사체)였다고 한다. 현존하는 약사전의 부처님(보물 246호)과 나한전 앞의 삼층석탑(경북문화재 제28

호)은 도선국사가 조성한 것이다.

특히 고운사는 해동제일 지장도량이라 불리는 지장보살 영험성지이다. 지금은 조계종 제16교구의 본사로 의성, 안동, 영주, 봉화, 영양에 산재한 60여 대소사찰들을 관장하고 있다.

### (3) 의성 사촌(沙村)마을

* 소재지 : 의성군 점곡면 사촌리

의성 북부의 반촌으로 알려진 안동 김씨, 안동 권씨, 풍산 류씨의 집성촌인 '사촌마을'이 있다. 중국의 사진촌(沙眞村)을 본떠서 지은 이름이라고 한다. 송은 김광수(류성룡의 외조부), 서애 류성룡 등이 이곳에서 태어났으며, 이곳 사촌마을에서 태어나 대과에 급제한 사람이 18명, 소과에 급제한 사람이 31명이나 되었다고 한다.

마을에 내려오는 전설에는 이 마을에 3명의 정승이 태어난다고 하며, 신라 시대 한 명, 조선 시대 류성룡, 그리고 한 사람이 더 태어날 것이어서 마을 어른들은 여인들이 친정으로 돌아와 애를 낳는 것을 원치 않는 풍습이 있다고 한다.

류성룡을 임신하고 있던 그의 어머니는 배에 복대를 하고 임신 사실을 숨긴 채 사촌마을로 와 친정에 머물렀다고 한다. 이 사실을 들킨 그녀는 집에서 쫓겨나 시댁이 있는 안동으로 돌아가다가 사촌마을 서림(사촌리 가로숲)에서 산기를 느끼고 류성룡을 낳았다고 한다.

사촌마을은 풍수상 명당으로서 마을 뒷산으로 문필봉이 버티고 서 있고, 왼쪽으로는 좌산이 서 있어 좌청룡의 형상을 하고 있으나, 오른쪽 지형은 광활한 들판이어서 우백호가 없다고 한다. 그래서 풍우를 위해 방풍림을 심었는데 지금 이 숲이 천연기념물 405호로 지정되어 있는 '사촌리 가로숲(서림)'이다. 마을을 이룰 때 심은 나무들이 이제 수령이 600년에 이르는 나무들로 자라, 길이 1킬로에 폭은 45미터 정도의 숲을 이루고 있다.

임진왜란 때 의병을 일으킨 이 마을을 왜군이 불태웠고, 구한말에는 명성황후 시해 후 이곳에서 병신의병이 일어나자 일본군이 또다시 불태우는 바람에 황폐화가 되었지만 100여 년 전에 한옥을 다시 지어 한옥마을을 이루고 있다.

사촌마을에 유일하게 남아 있는 고택은 1582년에 지은 만취당(경북 지방문화재 169호)으로 만취당은 김사원의 호이며, 조선 선조 때의 인물이다. 만취당의 현판 글씨는 명필로 잘 알려진 한석봉의 글씨이다. 류성룡의 외조부인 송은 김광수(1468~1563)는 연산군 때 관직을 버리고 영귀정(경북문화재 자료 234호)에 은둔하여 학문에 정진하였고 이곳에서 생을 마쳤다.

〈2011. 4. 29〉

# 호반의 도시
# 춘천(春川) 소양강댐, 화천댐, 평화의 댐

## (1) 소양강댐

강원도 춘천시 신북읍과 동면의 소양강에 위치한 북한강 유역의 유일한 다목적댐이다. 1967년 4월 15일 착공되어 1973년 10월 15일 완공되었다. 흙과 돌로 만들어진 사력(沙礫)댐으로 댐의 길이는 530미터, 높이는 123미터에 달한다.

우리나라에서 가장 큰 사력식댐으로 저수량은 27억 톤의 호수인 소양호가 위치해 있다. 다목적댐으로, 호수를 한 바퀴 도는 유람선과 청평사로 가는 유람선이 있다.

소양호의 면적은 1,608헥타르이고, 저수량은 27억 톤이고 소양강댐은 인공호이다.

## (2) 화천댐

강원도 화천군 화천읍 동촌리와 간동면 구만리 사이의 북한강에 있는 높이 81.5미터, 길이 435미터, 총저수량 10억 1,800만 톤의 콘크리트 중력댐으로 1939년 착공하여 1944년 완공하였는데, 일제의 대륙침략을 위한 에너지원으로 건설된 것이다.

발전 전용으로 전기 시설용량은 10만 8,000킬로와트이고 유효낙차는 74.5미터이다. 화천수력발전소의 제1, 2호 발전기는 광복 뒤 북한에 속하였다가 6.25전쟁 때 파괴되었고, 1957년 제3호기, 1968년 제4호기를 설치하였다.

춘천, 의암, 청평, 팔당 등 하류 발전소로 이어지는 북한강 수원의 발원지이며, 수력발전을 위하여 설치한 댐 가운데 국내 최대의 규모이다. 댐이 준공되어 생긴 파로호는 면적 38.89제곱킬로에 이르는 큰 호수로, 주변 경관이 뛰어나며 잉어, 쏘가리 등의 담수어가 많이 서식한다.

### (3) 평화의 댐

강원도 양구군과 화천군에 걸쳐 북한강에 위치한 댐이다. 2차 완공 후의 현재 길이는 601미터, 높이는 125미터이며 최대 저수량은 26억 3천만 톤이다. 북한의 금강산댐 건설에 따른 수공(水攻)과 홍수 예방을 위해 1987년 2월에 착공하여 1989년 1월에 1차 완공(당시 높이 80m)된 뒤, 2002년부터 2단계 증축공사를 하여 2005년 10월에 최종 완공되었다. 평상시에는 건류댐으로 운영되고 있다.

#### ① 건설 배경

1986년 10월 30일 이규효 건설부장관은 〈대북한 성명문〉을 발표해 금강산댐의 건설계획을 멈추라고 했다. 금강산댐이 북한강을 통해 휴전선 이남으로 흘러 들어가는 연간 18억 톤의 물 공급을 차단할 것이고, 금강산댐을 붕괴시켜 200억 톤의 물이 하류로 내려가면 물이 "63빌딩 중턱까지 차오를 수 있다"며 북한이 이를 이용해 1988년 하계 올림픽을 방해할 수 있다고 하였다. 11월 26일 국방부 · 건설부 · 문화공보부 · 통일원 장관이 합동담화문을 발표해 평화의 댐을 건설할 계획을 발표하면서 총공사비는 1700억 원이며 이중 639억여 원은 국민 성금으로 충당했다. 평화의 댐은 1987년 2월 28일 기공식을 갖고 착공하여 1989년 1단계로 완공되었다.

1993년 감사원(원장 이회창)의 감사를 받으면서 금강산댐의 위협은 과장된 것이며, 이를 대비하기 위한 평화의 댐의 필요성도 부풀려진 것으로 드러났다. 그에 따라 2단계 공사도 중단되었다.

평화의 댐을 강력히 반대했던 김대중 정권 시절인 2002년 1월 미국 상업 위성이 찍은 사진에 의해 북한이 수공을 하지 않더라도 금강산댐이 붕괴될 수 있다는 강력한 징후가 발견되었다. 김대중 정부는 같은 해 5월, 평화의 댐 2단계 증축공사를 선언하고 9월 공사를 재개해, 노무현 정권 시절인 2005년 10월 19에 완공됐다. 증축공사에는 2,329억 원이 들었으며, 1단계 비용을 합쳐 총합계 3,995억 원이 들어갔다.

〈2011. 5. 27〉

# 화천 비목공원(碑木公園)

화천 평화의 댐 한편에는 비목공원이 조성되었다. 국민적 가곡 '비목'의 탄생지가 바로 이곳이다. 사연은 1960년대 중반으로 거슬러 올라간다. 평화의 댐 북방 14킬로 백남산 계곡 비무장지대에 배속된 한 청년 장교는 잡초가 우거진 곳에서 이끼 낀 무명용사의 돌무덤 하나를 만든다.

녹슨 철모, 이끼 낀 돌무덤, 그 옆을 지키고 있는 새하얀 산목련, 화약 냄새가 쓸고 간 깊은 계곡을 붉게 물들이는 석양, 그는 돌무덤의 주인이 자신과 같은 젊은이었을 거라는 깊은 애상에 잠긴다. 조국을 위해 산화한 젊은 넋을 기리는 '비목'의 가사는 이렇게 탄생되었고, 이 노래는 70년대 중반부터 가곡으로 널리 애창되기 시작했다. 가사를 쓴 초급장교는 한명희 씨이고 장일남 씨가 작곡하였다.

현재 비목공원에는 기념탑 외에 철조망을 두른 언덕 안에 철모를 얹은 나무 십자가들이 십여 개 서 있어 한국전쟁이라는 민족 비극의 아픔을 되새기게 해준다.

＊비목 (한명희 작사/ 장일남 작곡)

초연이 쓸고 간 깊은 계곡 깊은 계곡 양지녘에
비바람 긴 세월로 이름 모를 이름 모를 비목이여
먼 고향 초동친구 두고 온 하늘가
그리워 마디마디 이끼되어 맺혔네

궁노루 산울림 달빛 타고 달빛 타고 흐르는 밤
홀로 선 적막감에 울어 지친 울어 지친 비목이여
그 옛날 천진스런 추억은 애달파
서러움 알알이 돌이 되어 쌓였네

＊초연(硝煙)-화약의 연기

＊한명희(韓明熙)

- 1939년 충북 충주 출생
- 서울대 국악과 졸업
- 성균관대 예술철학박사
- ROTC 2기 소위 임관(제7사단)
- 서울시립대 음악학과 교수

＊장일남(張日男)

- 1932년 황해도 해주 출생
- 평양음악학교 졸업
- 작곡가, 지휘자
- 수도여자사범대, 한양대 강사
- KBS관현악단 지휘자

〈2011. 5. 27〉

# 임진왜란(壬辰倭亂)과 진주성혈전(晋州城血戰)

- 최경회(崔慶會)와 주논개(朱論介)를 중심으로

주논개(朱論介)는 서기 1574년 전북 장수(全北 長水)에서 선비 주달문(朱達文 : 진사)의 딸로 태어났다. 임진왜란이 발발하기 18년 전이었다. 주논개는 양가의 규수이며 성씨는 신안 주씨(新安 朱氏)이다.

서기 1965년 전북 장수에서 주논개의 송사를 다룬 현지(縣誌)가 발견되면서 출생과 성장 과정이 비로소 드러나게 되었다. 주논개는 13세 때 아버지 주달문을 여의고 숙부 주달무(朱達武)에게 맡겨졌는데, 주벽이 심해 가산을 탕진한 숙부 주달무가 돈을 받고 조카딸을 같은 마을의 지방관리인 김풍헌(金風憲)의 백치(白痴) 아들에게 민며느리로 보냈다. 이에 격분한 주논개의 어머니 박(朴)씨가 딸을 찾아서 친정으로 데려 왔으나, 며느리로 받아들인 김씨 집안과 송사가 벌어졌다.

이에 당시 장수에는 최경회가 현감(종6품)으로 있었다. 최경회는 서기 1532년(중종 27년) 전남(全南) 화순(和順) 능주(陵州)에서 출생하고 서기 1567년(선조 즉위) 식년(式年) 문과(文科)에 을과(乙科)로 급제한 후 장수 현감으로 와 있었다. 이를 심리한 최경회 현감은 주논개의 억울함을 풀어 무죄 방면을 하였고 의탁할 곳 없는 주논개를 부인 김(金)씨(후에 정경부인으로 추증)의 시중을 들게 하였다.

이때 김씨가 병환 중이었는데 주논개가 지극한 정성으로 간호를 하였으나 죽게 되었으며 부인 김씨가 죽기 전에 최경회에게 유언하기를 주논개는 성품이 진실하고 영특하여 훌륭한 여인이니 아내로 맞아들이라고 말했으며 이에 최경회는 주논개(당시 18세)를 부실(副室)로 맞아들이게 된 것이다. 그 후 최경회는 영해(寧海) 군수(郡守 : 종4품) 등을 지냈는데 그 뒤 서기 1592년(선조 25년) 임진왜란이 발발하게 되었다.

임진왜란은 7년간(서기 1592~1598년) 2차에 걸쳐 왜군이 침략한 전쟁으로 서기 1597년의 제2차 침략전쟁은 정유재란(丁酉再亂)이라고도 한다.

서기 1592년 4월 13일 일본 본토의 도요토미 히데요시(豊臣秀吉)가 총지휘한 왜군이 경상도 가덕도(加德島)에 병선(兵船) 약 700여 척을 몰고 나타났다. 동년 4월 14일에 왜군 선발대인 고니시 유키나가(小西行長)가 이끄는 왜군이 부산성(釜山城)을 공격하여 성을 빼앗겼다.

동년 4월 18일 가토 기요마사(加藤清正)가 이끄는 제2군이 부산에, 구로다 나가마사(黑田長政)가 이끄는 제3군이 다대포(多大浦)를 거쳐 김해(金海)에 상륙하여 침공을 개시하였다. 이 당시 일본 침략군의 총병력은 약 20만 명으로 추산하고 있다.

최경회는 서기 1592년 임진왜란 때 의병을 규합하여 전라우도 의병장이 되어 금산(錦山), 무주(茂州), 창원(昌原), 성주(星州) 등지에서 왜병을 격퇴하고 전공을 세웠다. 그 공으로 이듬해 경상우도 병마절도사(종2품 무관)에 승진하였으며 임진왜란 당시 최경회의 형인 최경운(崔慶雲)과 최경장(崔慶長)도 의병장으로 참전하여 전사함으로서 3형제가 국가에 충절을 바쳤으며 최경회의 아버지 최천부(崔天符)는 후에 영의정으로 추증되었다.

이제 임진왜란 당시 전략 요충지 진주성 전투에 대해 쓰고자 한다.

### (1) 제1차 진주성 전투

임진왜란 당시 3대첩(三大捷)으로 꼽혀 진주성대첩이라고도 한다. 서기 1592년(선조 25년) 10월 5일 진주에 이른 나가오카 다다오키(長岡忠興) 휘하의 왜군 2만 명은 수천 개의 죽제(竹梯 : 대나무 사다리)를 만들어 진주성을 공격하였으며 진주목사 김시민(金時敏)이 지휘하는 3,800명의 조선군과 치열한 공방전을 벌였다.

조선군은 성문을 굳게 닫고 화약을 장치한 대기전(大岐箭)을 쏘아 죽제를 파괴하고 마른 갈대에 화약을 싸서 던지거나 끓는 물과 큰 돌을 던지는 등 필사적으로 10배에 이르는 왜군의 공세를 분쇄하였다.

왜군은 동년 10월 10일에 6일간의 대접전 끝에 막대한 피해를 입고 패주하였는데, 이 싸움에는 의병대장 곽재우(郭再祐)의 응원이 적과 아군에게 심리적으로 큰 작용을 하였다. 이 싸움의 승리로 다른 경상도 지역을 보존하였을 뿐만 아니라 적으로 하여금 호남지방을 넘보지 못하게 하였다.

▲ 촉석루

### (2) 제2차 진주성 전투

이 싸움은 주논개의 죽음으로 알려진 싸움이다. 제1차 진주성 싸움의 참패로 위신이 손상된 도요토미 히데요시(豊臣秀吉)는 서기 1593년 6월 가토 기요마사(加藤清正), 고시니 유키나가(小西行長), 우키다 히데이에(宇喜多秀家) 등에게 복수전을 하도록 특별명령을 내렸다. 왜군은 서기 1593년 6월 15일부터 작전을 개시하여 동년 6월 18일까지 함안(咸安), 반성(班城), 의령(宜寧)을 점령하고 동년 6월 19일에 37,000명의 병력이 진주성을 공격하기 시작하였다.

이 당시 진주성에는 창의사(倡義使) 김천일(金千鎰), 경상우병사(慶尙右兵使) 최경회, 충청병사 황진(黃進), 사천현감 장윤(張潤), 의병장 고종후(高從厚), 이계련(李繼璉), 민여운(閔汝雲), 강희열(姜希悅), 김해부사 이종인(李宗仁) 등이 이끄는 3,400명의 병력과 일반인 6~7만 명이 있어 피아의 전투력은 비교가 되지 않았다. 싸움은 동년 6월 22일부터 본격적으로 전개되어 왜군은 귀갑차(龜甲車) 등 특수한 병기로써 파상공격을 거듭하여 일진일퇴의 치열한 공방 끝에 거의 모든 장병이 전사하고 동년 6월 29일에 진주성은 함락되었다.

임진왜란 중 가장 처절한 전투가 진주성전투였다. 9일간의 전투에서 조선측의 피해는 군민(軍民)이 죽은 자가 6만 명이었으며(왜군은 성이 함락되자 성안에 생존해 있던 군민 6만 명을 사창의 창고로 몰아 모두 불태워 학살했다), 패전 직후의 현장 기록인 일월록(日月錄)에 의하면 "촉석루에서 남강 언덕을 타고 쌓인 시체가 서로 겹치고 청천강(淸川江)으로부터 무봉(武峰)에 이르는 5리 사이에는 시체가 강을 덮어 떠내려가고 있었다."

이 싸움은 임진왜란 중에 벌어진 전투 가운데 최대의 격전으로 꼽히며, 비록 우리나라가 싸움에는 졌으나 왜군도 막대한 손상을 입었다.

이 진주성전투에서 500명의 병력을 거느리고 끝까지 싸운 지휘관이 경상우병사 최경회이다. 최경회는 제2차 진주성 전투에서 왜군과 9주야를 싸우다가 62세로 전사하였다. 최경회는 왜군에게 포위되어 촉석루 인근 남강전선에서 끝까지 버티다 잡히는 몸이 되느니 남강에 투신해 자결하였다. 그의 시체가 인

양되었을 때 그의 몸에는 왜적에게 빼앗기지 않으려고 관인(官印)이 인끈으로 칭칭 동여매여져 있었다고 한다.

진주 교외 의속사에 피란 가 있으면서 보고 들은 왜적의 만행에 치를 떨고 있던 주논개는 섬겨왔던 최경회의 순절소식을 듣자 비장한 각오를 하였다. 전승에 겨워 왜군의 장수들은 마침 칠석 명절을 맞아 촉석루 앞 남강에서 잔치를 베풀었다. 남편을 잃은 당시 20세의 주논개는 슬픔과 의분을 못이겨 나라와 남편의 원수를 갚기 위하여 왜장들의 승전자축연 하루 전에 기적(妓籍)에 이름을 올리고 촉석루에서 있었던 자축연에 왜장 게야무라 후미스케(毛谷村六助) 옆에 앉아 술을 권하였다.

미리 준비한 부자가루를 품에서 몰래 꺼내어 술에 탔다. 왜장은 술에 취했고 정신이 혼미하게 되었다. 주논개는 왜장을 촉석루에서 의암으로 유인하여 주논개는 열 손가락 마디마디에 옥가락지를 끼고 왜장의 목을 껴안고 벽류(碧流) 속에 있는 의암에서 남강으로 함께 떨어져 죽었다.

최경회는 전사한 후 조정에서 좌찬성(左贊成: 의정부 종1품 문관)에 추증하였다.

최경회의 유적으로는 진주 창열사(彰烈祠), 능주 포충사(褒忠祠), 화순 삼충사(三忠祠), 장수 유애사(遺愛祠), 영해 생사당(生祠堂)이 있다.

주논개의 유적으로는 진주 논개사당(論介祠堂), 쌍충각(雙忠閣), 장수 논개생향비(論介生鄕碑 : 서기 1956년 발굴) 등이 있다.

참고로 해주 최씨 세보(世譜)에 기재되어 있는 최경회와 주논개 부분을 발췌하면 아래와 같다.

崔慶會　中宗 27年 11月 21日生　辛酉司馬兩試 明宗 22年 丁卯式文科

配 貞敬夫人 羅州 金氏 (註 : 朱論介가 看病함)

配 貞敬夫人 驪興 閔氏

副室 義岩夫人 新安朱氏 癸巳 七月 七日 誘引 倭將 毛谷村六助 南江中 上抱而投江

是年二十世 稱義岩

제2차 진주성전투는 최대의 격전이었으며 처절하였다. 진주성이 왜군에게 함락된 후 왜군은 6만 명의 비무장 양민을 사창(司倉)의 창고에 가두고 불을 질러 잔인하게 죽였다. 왜군의 비인간적인 잔혹상을 여실히 나타낸 것이며 통분하지 않을 수 없다.

최경회와 주논개는 임진왜란 전쟁 중에 우리나라를 위해 충정을 바친 역사에 찬란히 빛나는 인물이다. 최경회는 경상우병사로서 제2차 진주성전투에서 마지막까지 싸운 유일한 지휘관으로 진주 남강에 투신하여 장렬히 전사하였다. 주논개는 왜장 게야무라 후미스케(毛谷村六助)와 진주 남강에 같이 떨어져 죽음으로서 국가의 원수를 갚은 연약하고 어린 나이(20세)로서 청사에 빛나는 공적을 세워 전북 장수에 정문(旌門)을 세웠다. 우리는 이 두 사람의 애국정신을 본받아 국가난국에 슬기롭게 헤쳐 나가야 할 것이다.

* 단대신문(단국대학교 주1회 발행) 제1147호　2005. 5. 10 게재
* 한국신문학(한국신문학인협회 발행) 통권 제13호 2005. 6. 30 게재

# 강화도 전등사와 정족산 사고(鼎足山 史庫)

## (1) 전등사(傳燈寺)

전등사는 인천 강화군 길상면 온수리의 정족산에 위치하고 있다. 전등사는 현존하는 사찰 중 가장 오랜 역사를 가졌으며 전등사가 창건된 것은 서기 381년(고구려 소수림왕 11년)으로 전해지고 있다.

처음 전등사를 창건한 분은 진나라에서 건너온 아도 화상(阿道 和尙)이었다. 아도 화상이 강화도에 머물고 있을 때 지금의 전등사 자리에 절을 지었으니 그때의 이름은 진종사(眞宗寺)라 하였다.

고려 고종 46년(1259년)에 삼랑성 안에 가궐(假闕)을 지었다. 고려 왕실에서는 진종사를 크게 중창시켰으며(1266년), 1282년(고려 충렬왕 8년)에 왕비인 정화궁주(貞和宮主)가 진종사에 경전(經典)과 옥등(玉燈)을 시주한 것을 계기로 '전등사'라 사찰 명칭을 바꾸었다. 일반적으로 전등이란 '불법(佛法)의 등불을 전한다'는 뜻으로 당시 정화궁주는 인기(印奇) 스님으로 하여금 송나라에서 펴낸 대장경(大藏經)을 구해 전등사에 보관하게 했다고 한다. 송나라에서 펴낸 대장경 때문에 전등사로 개칭되었다고 보는 것이 근거가 있다.

조선 광해군 때인 1614년에 화재로 인해 건물이 소실되었으나 1621년 2월에 전등사가 중건되었다. '나부상(裸婦像)'으로 유명한 전등사 대웅전도 이때 중건되었는데, 대웅전 지붕을 떠받치고 있는 나부상은 대웅전 중수를 맡은 도편수(都片手)가 달아난 여인에 대한 배반감으로 조각하였다는 전설이 전해 오고 있다.

현재 전등사에는 대웅보전(보물 178호), 약사전(보물 179호), 범종(보물 393호) 등 보물급 유적을 비롯해 국가사적, 인천시 지정 유형문화재 등 많은 문화 유적을 간직하고 있다.

### (2) 정족산 사고(史庫)－조선왕조실록 보관

조선 숙종 때인 1687년, 조선왕조실록을 전등사에 보관하기 시작하면서 전등사는 왕실종찰(王室宗刹)로서 성장했다.

왕실에서는 실록을 4부씩 만들어 궁궐 내의 춘추관과 충주, 성주, 전주 등 네 군데의 사고(史庫)에 보관하도록 했다. 임진왜란 때 거의 소실되고 전주 사고만 무사했다. 조정에서는 임진왜란 후 전주 사고본을 4부씩 옮겨 적게 하여 전주 사고본은 강화도 전등사(정족산)로 옮겼고, 다른 실록은 봉화군 태백산, 영변 묘향산, 무주 적상산, 평창 오대산에 각각 보관하게 했다. 사고가 모두 산에 위치한 것은 실록의 안전 보관을 위한 것이다.

1707년 강화 유수(留守)였던 황흠(黃欽)은 정족산의 사각(史

閣)을 고쳐 짓고, 다시 별관을 취향당(翠香堂)이라 하였다. 1726년 영조가 전등사를 직접 방문해 '취향당' 편액(扁額)을 내렸다. 그때부터 정족산 사각은 실록은 물론 왕실의 문서까지 보관하는 보사권봉소(譜史權奉所)로 정해졌다. 이때 왕실의 세보(世譜)인 선원세보를 비롯해 왕실 문서를 보관하던 건물이 '선원각(璿源閣)'이었다. 이후 1719년부터 1910년까지 전등사의 높은 스님에게는 도총섭(都摠攝 : 조선 시대 최고 승직)의 지위가 주어졌다.

조선왕조가 한 시대를 마감하고, 일제에 의해 "정족산본과 태백산본"은 조선총독부로 옮겨져, 다시 경성제대(현 서울대)로 이관되었다. "적상산본"은 구 황실 장서각에 옮겨졌다. 1950년 6월 25일 당시 북한측이 가져가 김일성종합대학에 소장되었다. "오대산 실록"은 일본으로 반출되어 동경제국대학에 있다가 1923년 관동대지진 때 불타 없어졌다. "정족산본"(전주사고본을 이어 받은 것)은 현재 서울대 규장각에 소장되어 있으며 "태백산본"은 부산 정부기록보관소 서고에 보관되어 있다.

조선왕조실록은 한 왕조의 역사적 기록으로는 가장 긴 시간에 걸쳐서 작성되었고, 가장 풍부하면서도 엄밀한 기록을 담고 있다. 또한 국왕에서부터 서민에 이르기까지 조선인들의 일상적인 생활상을 자세히 보여 주며, 세계에서 유일하게 활자로 인쇄되었고, 보관과 관리에도 만전을 기했다는 특징을 가지고 있다. 이에 따라 조선왕조실록은 1973년 12월 31일에 국보 제151호로 지정되었고, 1997년 10월 1일에는 유네스코 세계 기록유산으로 등록되었다.

〈2009. 12. 6〉

# 군산 선유도

선유도는 본래 군산도라 불렸으나 섬의 북단 해발 100여 미터의 봉 정상의 형태가 마치 두 신선이 마주 앉아 바둑을 두고 있는 것처럼 보인다 하여 선유도라 불리게 되었다.

군산에서 뱃길로 약 50킬로(1시간 30분 소요) 떨어진 선유도는 고군산군도의 약 63여 개 섬들(신시도, 방축도, 말도, 장자도, 무녀도 등) 가운데 대표적인 섬이다. 선유도는 군산에서 배타고 들어가며 선유도-무녀도-장자도 3개의 섬이 다리로 연결되어 있다. 선유도는 고군산군도의 16개 유인도와 47개의 무인도 중 가장 아름다운 섬으로 빼어난 경치는 물론이고, 어촌의 풍광과 맛 기행을 하기에도 부족함이 없다.

고군산열도에서 8경이라는 명소가 있는데 고군산 8경의 중심부를 이루는 곳이 선유도의 진말이다. 선유도의 유물, 유적으로는 패총과 수군절제사의 선정비의 비석군이 있다. 면적은 2.13제곱킬로, 인구는 약 500명이다.

### (1) 충무공 이순신과 선유도

선유도는 고려 시대에 여·송 무역로의 기지였을 뿐만 아니

▲ 군산 선유도

라, 최무선(崔茂宣)이 왜구와의 전투에서 승리한 진포(鎭浦) 해군기지이였고, 조선 시대에는 서해의 중요한 요충지로써 수군의 본부로서 기지역할을 다했던 선유도는 한때 전라도의 수영(水營)이 설치돼 수군절제사가 임피, 군창, 만경, 김제, 부안, 무장, 고창, 영광 등 8개군을 다스렸을만큼 번성을 구가했다.

임진왜란이 막바지로 치닫던 선조 30년(1597년) 9월 21일 충무공 이순신은 명량해협의 울둘목에서 기적 같은 승리를 거둔 후 선유도에서 11일간(1597. 9. 21~10. 3) 머물러 전열을 재정비하는 등 임진왜란 때는 함선의 정박기지로 해상요지였다.

명량해전에서 왜적이 명량해협으로 133척을 몰고 돌진해 왔는데 충무공은 12척으로 적함 중 31척을 침몰시키는 큰 승리를 거두고 적의 추적을 피해 북상하여 위도를 거쳐 선유도에 도착한 것은 해전 5일 후였다. 선유도에서 휴식을 취한 충무공은 선유도를 떠난 지 14개월 후 선조 31년(1598년) 11월 19일 임진왜란의 마지막 해전이라 할 수 있는 노량해전에서 54세의 나이로 전사했다.

### (2) 선유도 8경

① 명사십리(明沙十里) - 십 리 길이의 해수욕장 모래가 깨끗하고 눈이 부심.

② 선유낙조(仙遊落潮) - 해 질 녘 바다가 온통 붉게 물들어 장관을 이룸.

③ 평사낙안(平沙落雁) - 백사장에서 자란 팽나무가 기러기 내려 앉은 모습.

④ 망주폭포(望主瀑布) - 귀양 온 선비가 임금을 그리는 눈물 같은 폭포.

⑤ 장자어화(壯子漁火) - 장자도 앞바다에서 밤에 고기 잡는 어선들의 불빛.

⑥ 월영단풍(月影丹楓) - 신시도의 고운 가을 단풍이 달빛 그림자와 바다에 비침.

⑦ 삼도귀범(三島歸帆) - 선유도 앞 세 섬이 만선의 돛단배가 들어오는 것 같음.

⑧ 무산십이봉(無山十二峯) - 방축, 명, 말도의 12봉우리가 마치 무사들이 도열한 듯함.

〈2010. 5. 28〉

## 단종 유배지 청령포(淸泠浦)

청령포는 영월군 남면 광천리 남한강 상류에 위치한 단종의 유배지로 2008년 12월 국가 지정 명승 50호로 지정되었다. 조선 제6대 왕인 단종이 숙부 수양대군에게 왕위를 찬탈당하고 상왕으로 있다가, 그 다음해 1446년 성삼문 등 사육신들의 상왕복위의 움직임이 사전에 누설되어, 상왕은 노산군으로 강등되어 청령포에 유배되었으며 다시 서인(庶人)으로 전락했다가 사약을 받았다. 단종은 1681년(숙종 7년)에 노산대군으로 추봉되고, 1698년(숙종 24년) 단종으로 복위되었다. 그의 능은 장릉(莊陵 : 세계 문화유산, 사적 제196호)으로 영월군 영월읍에 있다.

청령포는 동, 남, 북 삼면이 물로 둘러싸이고 서쪽으로는 육육봉이라는 험준한 암벽이 솟아 있어 나룻배를 이용하지 않고는 밖으로 출입할 수 없는 마치 섬과도 같은 곳이다.

청령포에는 단종 유배시에 세운 금표비(禁標碑)와 영조 때 세운 단묘유지비(端廟遺址碑)가 서 있다. 또한 망향탑, 노산대, 관음송이 있다.

(1) 단종어가

2000년 4월 5일 단종문화제에 건립되었고 승정원일지의 기록에 따라 기와집으로 그 당시의 모습을 재현했다. 어가에는 당시 단종이 머물던 본채와 궁녀 및 관노들이 기거하던 사랑채가 있으며, 밀랍인형으로 당시의 모습을 보여주고 있다. 어가 담장 안에 유지비각이 있다.

(2) 유지비각

높이는 162센티미터이며 밑으로 1단의 화강석 비좌 위에 오석으로 된 비신을 세우고 이 비석은 좌우 1간의 비각 안에 보존되고 있다.

(3) 금표비

유지비각에서 북쪽으로 조금 떨어진 곳에 이 비가 있다. 이 비석은 청령포에 일반인이 함부로 드나들지 못하도록 세워진 것이다.

(4) 망향탑

청령포 뒷산 층암절벽 위에 있는 탑으로 단종이 유배생활을 할 때 한양에 두고 온 왕비 송씨를 생각하여 흩어져 있는 막돌을 주워 쌓아 올렸다는 탑으로 단종이 남긴 유일한 유적이다.

(5) 노산대(魯山臺)

청령포 서남쪽으로 이어져 있는 층암절벽이 푸른 강물과 연결되는 산봉우리를 말한다. 여기에 오르면 부근의 전경이 한눈에 들어오고 서강변의 드넓은 백사장과 여울 사이로 흐르는 맑은 물 줄기가 절벽 밑을 휘감아 돈다. 단종이 청령포로 유배된 뒤 매일 이곳에 올라 한양쪽을 바라보며 시름에 잠긴 곳이었다고 한다.

(6) 관음송

청령포 수림지에 위치하고 있는 소나무로 단종 유배시 설화를 간직하고 있으며, 1988년 천연기념물 제349로 지정되었다. 단묘유지비 서쪽에 있다. 단종의 유배 당시 모습을 보았으며〔觀〕, 때로는 오열하는 소리를 들었다〔音〕는 뜻에서 관음송(觀音松)이라 불리어 왔다. 높이 30미터, 둘레 5미터로 수령은 약 600년으로 보고 있다. 단종이 유배생활을 할 때 두 갈래로 갈라진 이 소나무에 걸터 앉아 쉬었다고 한다.

(7) 육육봉

청령포 뒷산으로 암벽으로 된 이 산은 6개의 작은 봉을 이루고 있어 육육봉이라고 칭하게 됐다.

(8) 엄흥도(嚴興道)

단종은 1457년 사약을 받았으며 단종의 시신은 동강에 버려졌다. 그 시신을 수습한 자는 삼족을 멸한다는 어명과 생명의 위험을 무릅쓰고 영월 호장(戶長) 엄흥도는 거적에 싸인 시신을 수습하여 묻은 곳이 영월 자신의 선산이었다. 그 후 엄흥도는 영남으로 피신했다고 한다. 봉분조차 없던 단종의 무덤은 중종 11년 봉분을 갖추었고, 숙종 24년(1698년) 복위되면서 장릉이라는 능호를 얻었다.

관을 비롯한 장례 기구 일체를 혼자서 마련하여 정중하게 장사를 치뤘다. 200여 년 후 현종 때 송시열의 건의로 그의 자손이 등용되었고, 영조 때 그의 충성심을 기념하는 정문(旌門)이 세워졌으며, 순조 때 공조판서에 추증되었다. 사육신과 더불어 영월의 창절사(彰節祠)에 배향되었다. 정조 때 정려각(旌閭閣)이 세워지고 고종 때(1876년) 충의공(忠毅公)이란 시호를 받았다.

〈2010. 4. 30〉

# 비운(悲運)의 왕 단종(端宗)

조선왕조의 6대왕 단종(李弘暐, 1441~1457)은 문종과 현덕왕후 사이에 장남으로 태어났고, 현덕왕후는 스물다섯의 나이에 경혜공주에 이어 홍위 왕자(단종)를 분만하였으나 3일 만에 숨을 거두었으며 그녀는 죽기 전에 세종의 후궁인 혜빈 양씨에게 아들을 부탁하였다. 혜빈 양씨는 홍위에게 젖을 먹이며 양육하여 홍위는 여덟 살인 1448년(세종 30년)에 세손에 책봉되었다.

세종은 홍위를 무척 아꼈던 것으로 전해지고 있다. 1450년, 세종이 죽고 문종이 즉위하자 홍위는 세손에서 세자로 책봉하였다. 그때 홍위의 나이는 열 살이었다. 조선 5대 왕으로 등극한 문종은 즉위 2년 3개월 만에 어린 세자를 부탁한다는 고명을 남기고 병사하였다. 이때 홍위의 나이는 12세였다.

단종은 조선 왕조를 통하여 가장 어린 나이인 12세에 왕위에 올랐다. 미성년의 어린 왕이 즉위하면 궁중에서 가장 서열이 높은 후비가 수렴청정을 하는 것이 일반적이었는데, 당시 궁중에는 대왕대비는 물론이고 대비도 없었으며 심지어 왕비도 없었다. 단종은 조부인 세종의 칭찬이 자자할 정도로 어릴 때부터 명석했다. 단종은 즉위하긴 했지만 나이가 너무 어려 정사를 돌볼 수 없어 모든 조처는 의정부와 육조가 도맡아 했으며, 왕은 단지 형식적인 결재를 하는 데 그쳤다. 이렇듯 왕권이 유명무실해지고 신권이 절대적인 위치에 이르자 세종의 아들들, 즉 왕족의 세력이 팽창하기 시작했다.

수양대군은 1453년 10월 '계유정난'을 일으킨다. 자신의 수하인 한명회, 권람 등의 계책에 따라 김종서를 피살하고, 황보인을 비롯한 조정 대신들을 대궐로 불러들여 죽였다. 계유정난 후 수양대군은 영의정에 올랐으며, 왕을 대신해 서무를 관장해 왕권과 신권을 동시에 장악했다. 그들이 지칭한 장본인인 안평대군을 강화도로 유배시켰다가 사사하였다. 그 후 함경도 도절제사 이징옥이 수양대군에 반대하여 난을 일으켰으나 실패하였다.

1454년 단종은 송현수의 딸을 왕비로 맞이했다. 이듬해 수양대군이 왕의 측근인 금성대군 등 여러 종친을 죄인으로 몰아 유배시키자, 단종은 생명의 위협을 느끼고 왕위를 내놓고 상왕으로 물러났다.

이후 1456년 6월 상왕복위 사건이 일어나 성삼문, 박팽년 등 집현전 학사 출신과 성승, 유응부 등 무신들이 사형당했으며, 이듬해 단종도 노산군으로 강봉되어 영월에 유배되었다. 그러나 1457년 9월, 유배되었던 금성대군이 단종 복위를 계획했다가 발각된 사건이 발생하여 단종은 서인(庶人)으로 강봉되었고, 한 달 뒤인 10월에 17세의 나이로 사사되었으며 단종과 정순왕후 사이엔 후사가 없었다.

〈2010. 4. 30〉

# 새만금 방조제

새만금 방조제를 건설하기 위한 새만금 사업은 전라북도 서해안에 방조제를 세워 갯벌과 바다를 땅으로 전환하는 간척 사업이다. 2007년 11월 22일 국회에서 '새만금 사업 촉진을 위한 특별법'이 통과되었다. 새만금 방조제는 기존에 세계에서 가장 긴 방조제로 알려졌던 네델란드의 자위더르 방조제(32.5km)보다 500미터 긴 33킬로의 길이로 세계에서 가장 긴 방조제가 되었다.

## (1) 개요

전라북도 군산, 김제, 부안 앞바다를 연결하는 방조제 33킬로를 세우고, 그 안에 땅 28,300헥타르, 호수 11,800헥타르를 만들 계획이다. 사업 자체는 전북 옥구군 옥서면을 중심으로 한 금강, 만경강, 동진강 하구를 둘러싼 갯벌을 개발하려는 옥서지구농업개발계획에서 출발하였다. 이는 나중에 새만금사업으로 바뀌었다. 원래 옥서지구농업개발계획은 1단계와 2단계로 나뉘어 있었다.

그러나 1987년 12월 10일 대선후보로 출마하였던 노태우 전 대통령은 정치적 목적으로 이것을 이용하여 저개발 상태인 전북 지역에 개발 공약으로 제시되었으며, 농지 공급 부족 대책으로 사업시행을 허가하였던 처음의 국가적 명분과는 달리 점차 공업용지가 늘어났다.

### (2) 행정구역

새만금은 전체 면적 401제곱킬로 가운데 현행 행정구역상 전체 간척지 면적은 군산시 71.1%, 부안군 15.7%, 김제시 13.2%이다.

### (3) 새만금의 명칭과 의미

'새만금'이란 명칭에는 김제, 만경, 방조제를 더 크고 새롭게 한다는 뜻이 담겨 있다. 예로부터 김제, 만경평야를 '금만평야'로 불렀는데, 여기서 '금만'이란 말을 '만금'으로 바꿨다. 그리고 새롭다는 뜻의 '새'를 덧붙여 만든 신조어이다. 새만금의 명칭이 공식적으로 사용된 때는 1987년 11월 2일이다.

### (4) 연도별 사업 추진 현황

- 1975~1987 서남해안 간척자원 조사, 외곽시설 실시설계
- 1989. 11.~1991. 6. 사업시행 인가 고시
- 1991. 11. 16 새만금 간척공사 기공
- 1994. 7. 25 제1호 방조제 공사 준공
- 2010. 4. 27 준공(완공)

(5) 공사 현황

- 1호 방조제
- 가력배수갑문
- 2호 방조제
- 3호 방조제
- 4호 방조제
- 신시배수갑문

(6) 사업기간

- 1991~2020까지 총 30년
- 1991~2009 외곽시설
- 2009~2020 내부개발

(7) 사업비투자현황(단위 : 억원)

| 구분 | 총사업비 |
|---|---|
| 외곽시설 | 28,642 |
| 방조제 | 23,946 |
| 보상비 | 4,696 |
| 내부개발 | 13,152 |
| 계 | 41,794 |

(8) 새만금의 미래

- 농업단지 조성
- 첨단산업단지
- 신재생에너지단지
- 관광단지
- 배후도시
- 국제업무단지
- 신항만 물류단지

(9) 법적 소송과 찬반 의견

* 법적 소송

2006년 3월 16일 대법원 전원합의체(13명)는 환경단체와 전북지역 주민 등이 농림부(현 농림수산식품부) 등을 상대로 낸 '새만금 사업' 계획 취소 청구소송에서 원고패소 판결한 원심을 확정하였다. 다수 의견(11명)으로 새만금 사업의 합법성을 인정했지만, 소수의견(2명)과 보충의견(4명)도 있었다.

* 찬반 의견

- 찬성 의견
  - 국토확장
  - 우량 농지 조성
  - 수자원 확보
  - 수해상습지 해소
  - 육운개선 및 종합관광권 형성
- 반대 의견
  - 국민의 혈세 낭비
  - 주민들의 삶의 터전 파괴
  - 생물종 보존 문제
  - 수질 관리 문제
  - 환경 파괴 사업

(10) 새만금전시관

전북 부안군 변산면 대항리에 소재하고 있으며, 총 건축면적 1,116제곱미터, 전시관 866제곱미터, 전망대 120제곱미터, 기타 시설 130제곱미터 규모이다. 이곳에서는 지금까지 시행해 온 간척사업에 대한 역사와 사업의 상황을 살펴볼 수 있다.

〈2010. 5. 28〉

# 안면도(安眠島)

충청남도 태안군 안면읍과 고남면에 위치하고 있다. 안면도는 본래 곶으로 태안읍과 남면이 연결되어 있었는데, 세미(稅米)를 한양으로 빠르게 운반하고〔稅穀漕運〕 왜구의 약탈을 피하기 위해 조선 인조 때 영의정 김유(인조 16년, 1638년)가 충청관찰사 김육에 명하여 안면읍 창기리와 태안군 남면 신온리 사이를 절단하여 섬이 되었다.

1970년 연육교(連陸橋)인 안면교가 우리나라에서 3번째로 건설되었다. 총길이는 208.5미터이다.

안면도에는 14개의 해수욕장과 안면읍의 해송, 삼림욕을 할 수 있는 자연휴양림이 있다. 또한 천연기념물 제 138호인 모감주나무 군락지가 있다. 안면송은 고려 때부터 궁궐이나 선박 건조용으로 공급했고 조선 후기 수원화성 축조 때도 쓰였고 최근에는 소실된 남대문을 복원하는 데도 사용되었다.

금년(2010년) 태풍 '곤파스' 직격탄으로 안면송 초토화로 100년 가까이 된 소나무 7,500여 그루가 부러지고 꺾이었다. 안면송은 300여 년 전 조선 영조 12년에도 똑같은 피해를 입었다고 기록되어 있다.

### (1) 안면도와 이지함(李之菡)

이지함(1517~1578)은 조선 선조 때 학자로 생전에 안면도를 극찬하고 수백 년 후 큰 빛을 보게 될 것이라고 하였다. 이지함은 조선의 실학자와 경제학자로 청빈 무욕하였다. 그의 성품은 기위(奇偉)하고 효성과 우애가 돈독하였고 재물에 욕심이 없어 평생 가난한 생활을 하였고, 항상 베옷과 짚신을 신었다. 의약, 복서, 천문, 지리, 음양 등에 통달하였다. 선조 때 뛰어난 행실로 벼슬에 올라 포천 현감과 아산 현감을 지냈으며 숙종 때 학덕이 인정되어 1713년 이조판서에 추증되었다.

그의 저서로는 토정비결(土亭秘訣)이 있으나 책이 시기적으로 맞지 않아 그의 저서가 아니라고 주장하는 사람이 있다. 이지함은 아산 현감 재직 중 병으로 62세에 사망하였다. 그의 묘소는 충남 보령시 주포면 국수봉 기슭에 있고 지형적으로 안면도와 마주하고 천수만 깊숙히 자리 잡고 있다.

### (2) 내포문화권

충남 서북부 지역인 서산, 예산, 홍성, 태안, 당진 전지역, 아산, 보령의 일부 지역을 가리킨다. 여기에 맹씨행단, 추사 고택, 수덕사 대웅전, 개심사 등 고건축물이 있다. 최영, 이순신, 김좌진, 윤봉길, 한용운, 이상재 등 충의의 인물과 이색, 김정희, 안견, 심훈, 이지함 등 학문과 예술 분야 대가들의 고향으로 관련 유적이 산재해 있다.

〈2010. 9. 24〉

# 맹사성(孟思誠)과 강호사시가(江湖四時歌)

## (1) 생애

맹사성(1360~1438)의 자는 자명(自明), 호는 고불(古佛)이다. 고려 수문전제학(修文殿提學) 희도(希道)의 아들이며 최영(崔瑩)의 손서(孫婿)이다.

온양 출신이며, 명재상이고 청백리로 집에 비가 샐 정도였으며 효성이 지극하고 음악에 조예가 있어 스스로 악기를 만들었고 품성이 어질고 부드러웠으나 중요한 정사에는 과단성이 있었다. 작품으로 강호사시가(江湖四時歌) 4수가 전해지고 있다.

1386년 고려 우왕 때 문과 을과에 급제하여 춘추관검열(春秋館檢閱)을 시초로 전의시승(典儀侍丞), 기거랑(起居郎), 사인(舍人), 우헌납(右獻納)을 역임하고 수원판관(水原判官), 내사사인(內史舍人)이 되었다.

조선이 건국된 후 태조 때 예조의랑(禮曹議郎), 정종 때 간의우산기상시(諫儀右散騎常侍), 간의좌산기상시가 되었다. 태종 초에 좌사간의대부(左司諫議大夫), 동부대언(同副代言), 이조참의를 거쳐 1407년 태종 때 예문관제학(藝文館提學), 세자가 명나라에 진표사(進表使)로 갈 때 시종관(侍從官)으로 수행했다. 1408년 한성부윤, 세자우부빈객(世子右副賓客) 사헌부대사헌(파직)이 되었다. 1411년 다시 기용되어 판충주목사, 풍해도도관찰사(豊海道都觀察使)를 거쳐 1416년 이조참판, 예조판서, 생원시 시관(試官), 문과 복시에 독권관(讀卷官), 호조판서, 충청도도관찰사를 지내고 1418년 공조판서, 1419년(세종) 이조판서, 예문관대제학, 다시 이조판서를 지내고 1421년 의정부찬성사(議政府贊成事) 1427년 우의정, 1432년 좌의정을 지내고 1435년 75세에 50년 간의 정사에서 물러났다.

(2) 강호사시가(江湖四時歌)

① 강호에 봄이 찾아드니 참을 수 없는 흥취가 저절로 나는구나.
막걸리 마시며 노는 시냇가에서 잡은 싱싱한 물고기가 안주로 좋구나.
이 몸이 이렇게 한가롭게 지내는 것도 임금님의 은혜이시로다.

② 강호에 여름이 찾아드니 별채에서 할 일이 없다.
더위를 잊게 해 주는 듯 미덥게 느껴지는 강물결은 시원한 바람을 보내주는구나.
이 몸이 이렇게 서늘하게 지내는 것도 임금님의 은혜로구나.

③ 강호에 가을이 찾아드니 물고기마다 살이 쪄 있다.
작은 배에 그물을 싣고 물결 흐르는 대로 띄어 던져두고

이 몸이 세월을 재미있게 보낼 수 있는 것도 임금님의 은혜이시다.

④ 강호에 겨울이 찾아드니 눈 깊이가 한 자가 넘는구나.
삿갓을 비스듬히 쓰고 도롱이로 옷을 삼아 입으니
이 몸이 춥지 않게 지내는 것도 임금님의 은혜이시다.

(이상 현대어 풀이)

(배경) 이 작품은 말년에 벼슬자리에서 물러나 고향으로 돌아가 한적한 전원 생활을 지낼 때 지은 것으로, 임금님의 은혜를 생각하는 내용을 봄, 여름, 가을, 겨울 한 수씩 노래하였다.

(감상) 이 작품은 왕조 교체기의 고민을 넘어서서 새로운 질서가 자리 잡은 시기에 들어 안정기의 정서를 표현한 서정시이다. 우리나라 최초의 연시조라는 점에서 국문학 사상의 의의를 지니고 있다.

### (3) 일화

맹사성의 생가는 고려 최영이 살던 곳이라고 한다. 최영은 자신의 집을 친구인 맹유에게 물려 주었고, 맹유에게는 맹희도라는 아들이 있었는데 정몽주와 절친한 사이였으며 맹희도는 젊은 시절 신혼임에도 불구하고 개성에 올라가 과거시험을 준비하고 있었다. 맹유의 새며느리가 어느 날 태양이 자신의 입으로 들어오는 꿈을 꾸고 놀라 깨어났다. 보통 꿈이 아니라고 생각되어 시아버지 맹유에게 고하자 맹유는 부친 위독이라는 급전을 아들에게 보내었다. 정신없이 달려온 아들을 맞이한 것은 빙그레 웃는 아버지 맹유였고, 맹유는 아들을 새색시의 방으로 들라 했다. 그 일이 있은 후 태어난 인물이 맹사성이라고 한다. 그 후 맹사성은 최영의 손녀서가 된다.

### (4) 사헌부대사헌 파직

태종 때 맹사성이 사헌부대사헌으로 재직시 지평(持平) 박안신(朴安信)과 함께 평양군(平壤君) 조대림(趙大臨; 태종의 딸 慶貞公主의 부군)을 왕에게 보고하지 않고 잡아다가 고문하였으므로 왕족을 능멸하였다는 죄목으로 태종의 큰 노여움을 사 처형될 뻔 하였으나 영의정 성석린(成石璘)과 황희 등의 도움으로 죽음을 면하였다.

### (5) 태종실록(太宗實錄) 편찬

세종 때 우의정 재임시 〈태종실록〉 편찬 감관사(監館事)로서 감수하였다. 〈태종실록〉의 편찬이 완료되자 세종이 한 번 보고자 하였는데, 그는 “왕이 실록을 보고 고치면 반드시 후세에 이를 본받게 되어 사관(史官)이 두려워서 그 직무를 수행할 수 없을 것”이라고 반대하니 세종이 이에 따랐다.

### (6) 유적

맹씨고택(孟氏古宅), 맹씨행단(孟氏杏壇) - 사적 제109호
충남 아산시 배방면 중리 소재

고려말 최영(1316~1388)이 살던 집이었다고 한다. 맹사성이 어려서부터 총명하고 늠름했던 기상을 지켜본 최영이 그를

손녀사위로 삼고 집을 맹사성의 조부인 맹유에게 물려 주었고, 그런 인연으로 맹사성 일가가 이곳에 뿌리를 내리게 되었다고 한다. 6백 년 된 은행나무 두 그루에서 맹씨행단이란 고택명이 비롯된 것으로 보인다.

한편 행단은 공자가 행단 위에서 제자를 가르쳤다는 고사에서 학문을 닦는 곳을 지칭하기도 한다.

### (7) 맹사성과 황희

이조 시대를 통하여 맹사성과 황희에 비견할 만한 뛰어난 재상이 또 있을까. 이들은 세종 때의 정치적 안정과 문화적 융성에 커다란 기여를 하였다. 이들은 둘 다 철저한 선비이자 뛰어난 재상이었고 관리의 모범이 되는 청백리였다. 1363년에 개성에서 태어난 황희는 불과 14세에 음보로 복안궁 녹사가 되었고 1389년 27세에 문과에 급제하였다. 맹사성은 1360년 태생이므로 황희보다는 세 살이 많고 관직에도 3년 먼저 올랐다.

황희는 1392년 고려가 망하자 은거하였지만 조정의 요청과 동료들의 천거로 성균관학관으로 돌아왔다. 그는 이후 태조와 태종의 신임을 받으며 성장을 거듭했다.

맹사성 역시 조선 왕조의 신임을 받았고 황희와는 달리 맹사성은 태조로부터 예조의랑직을 제수받는 등 관직에 그대로 머물러 있었다.

세종이 즉위하던 1418년에 맹사성은 공조판서에 올라 있었고, 황희는 남원에서 유배생활을 하고 있었다. 1422년 황희가 유배에서 풀려 참찬의 직위로 재등용되었을 때 맹사성은 이조판서를 거쳐 의정부 찬성사로 재직 중이었다. 1432년 황희는 영의정부사로, 맹사성은 좌의정을 맡았다.

맹사성과 황희는 서로 다른 성품을 가지고 있었다. 황희가 분명하고 정확하고 강직했다면, 맹사성은 어질고 부드럽고 섬세했다. 황희는 학자적 인물이었다면 맹사성은 예술가적 인물이었다. 이들의 이러한 다른 일면은 세종의 왕도 정치 구현에 크나큰 도움이 되었다. 세종은 이들 두 재상의 성격을 십분 활용하는 중용적인 태도로 조선 역사상 가장 영화롭고 안락한 시대로 만드는 원동력이 되었다.

만년에 벼슬을 사양하던 맹사성은 1438년 79세를 일기로 칩거하던 온양 자택에서 숨을 거두었다. 또 한 사람의 명재상 황희는 조선의 재상 중 가장 오래 살았던 사람이다. 황희는 스스로 물러날 때까지 무려 87세라는 노익장을 과시하며 영의정직에 머물러 있었으며, 맹사성이 죽고 나서도 황희는 14년을 더 살다가 90세의 나이로 세상을 떠났다.

〈2007. 10. 24〉

* 2009. 6. 15 '한국신문학' (통권 제17호 한국신문학인협회 간) 게재

# 오대산 소금강

## (1) 명승지 제1호

소재지: 강원도 강릉시 연곡면 삼산리

1970년 우리나라 최초로 명승 1호로 지정된 청학동 소금강이다. 소금강은 기암괴석과 층암절벽, 소와 담, 폭포 등이 절경을 이루고 있다. 이 절경과 가을 단풍이 어우러진다. 만물상 부근의 계곡도 볼 만하며, 단풍 시기는 10월 중순이다.

## (2) 청학동 소금강

노인봉에서 발원한 청학천이 13킬로 흘러내리며 낙영폭포, 만물상, 구룡폭포, 무릉계로 이어지는데 이를 청학동 소금강이라고 한다. 무릉계를 기준으로 상류쪽을 내소금강, 하류쪽을 외소금강이라 한다. 외소금강에는 금강문, 취선암, 연주암, 비봉폭, 내소금강에는 삼선암, 세심폭, 청심폭 등이 대표적으로 장관을 이루고 있다. 그 밖에 십자소, 백마봉, 옥류동, 식당암, 선녀탕 등이 있다.

구룡폭 바로 위에는 만물상이 있다. 거인의 옆얼굴을 닮은

▲ 오대산 소금강 계곡

귀면암, 촛불 형상의 촛대석, 암봉 한가운데 구멍이 뚫려 낮이면 해 같고 밤이면 달 같은 일월봉, 거문고 타는 모습의 탄금대 등이 만물상을 장식하고 있다.

### (3) 노인봉 소금강

소금강은 오대산 국립공원 소금강지구에 포함되면서 오대산 소금강이라고도 한다. 노인봉은 오대산국립공원에 포함되어 있을 뿐 오대산에서 떨어져 나온 별개의 산이다. 따라서 오대산 소금강이 아닌 노인봉 소금강이라 부르는 것이 맞다. 노인봉은 여름의 계곡 산행으로 으뜸이며, 가을의 기암들과 어우러진 단풍 산행으로 이름이 났다.

(4) 산행 시간 5~6시간

산행은 진고개에서 정상을 오른 후 소금강으로 하산하거나 소금강에서 정상을 거쳐 진고개로 하산하게 되는데 진고개를 산행기점으로 하는 것이 산행도 쉬우며 산행 시간도 2시간 정도 짧아진다.

진고개-노인봉-소금강 코스는 5시간 정도 소요되며 노인봉 산행을 하지 않고 소금강 계곡 만을 즐길 수 있다. 소금강 매표소에서 만물상까지 약 4킬로이며 2시간 정도 걸린다.

(5) 역사적 의미, 자연생태

소금강이란 이름은 조선 시대 학자 율곡 이이(李珥)의 〈청학산기(靑鶴山記)〉에서 유래한 것으로 빼어난 산세가 마치 금강산을 축소해 놓은 것 같다고 하여 붙여진 이름이다. 소금강에서 유일한 사찰인 금강사 앞 영춘대에는 율곡이 직접 쓴 '소금강'이란 글씨가 새겨져 있다. 산 정상에는 신라 시대 마의태자가 망국의 한을 풀기 위해 쌓았다는 아미산성이 있다.

소나무, 주목, 굴참나무를 비롯한 129종의 식물과 사향노루, 반달곰, 딱따구리, 산양 등의 동물이 서식하고 있어 자연생태학적으로 가치가 높다.

〈2010. 10. 29〉

# 숙종(肅宗)과 명릉(明陵)

(1) 숙종(1661~1720)

조선 19대왕으로서 재위는 1674~1720년이고 왕비는 인경왕후(仁敬王后), 인현왕후(仁顯王后), 인원왕후(仁元王后)였으며 대동법을 전국에 실시하여 실효를 거두었으며 임진왜란, 병자호란 이후 계속된 토지사업을 추진해 완결을 보았다. 주전을 본격적으로 실시해 상평통보를 주조, 중앙관청 및 지방관청에 통용토록 했다. 영토 회복 운동을 전개했고 금위영을 추가로 설치하여 5영체제를 완결했다.

(2) 명릉(明陵)

조선 제19대 왕 숙종과 계비 인현왕후 민씨(閔氏), 두 번째 계비 인원왕후 김씨(金氏)의 능이다.

1970년 5월 26일 사적 제198호로 지정되었다. 풍수적(風水的)인 길지(吉地)인 서오능(西五陵) 가운데 하나이다. 숙종 및 인현왕후의 쌍릉과 그 오른쪽 언덕에 있는 인원왕후의 단릉이 동원이강(同原異岡) 형식으로 조성되었다. 비각 속에는 2개의 비가 각각 문을 달리하여 나란히 서 있는데, 왼쪽은 숙종과 인현왕후의 비이고 오른쪽은 인원왕후의 비이다.

봉분 중앙에 사각형 장명등이 있고, 두 봉분 앞에는 상석(床石)이 하나씩 있다. 마주석은 좌우에 1쌍이 있으며, 3면의 곡장(曲牆)이 봉분을 에워싸고 있다. 그 밖에 문무인석 각 1쌍과 석마 2쌍, 봉분을 둘러싼 석양과 석호 각 2쌍이 서 있다. 능석물(陵石物)을 간소화하라는 숙종의 교령에 따라 석물을 줄이고 작게 제작하였다. 경기도 고양시 신도동에 있다.

### (3) 서오능(西五陵)

경기도 고양시 신도동(神道洞)에 있는 조선 시대 왕실의 무덤이다.

1970년 5월 26일 사적 제198호로 지정되었다. 서오능은 풍수적인 길지에 왕실의 족분(族墳)을 이룬 것인데, 경릉(敬陵), 창릉(昌陵), 익릉(翼陵), 명릉(明陵), 홍릉(弘陵)의 5능을 일컫는다. 이곳에는 5능 외에 명종(明宗)의 첫째 아들 순회세자(順悔世子)의 순창원(順昌園)이 경내에 있으며, 최근 숙종의 후궁 장희빈(張禧嬪)의 대빈묘(大嬪墓)도 경내에 옮겨 놓았다.

① 경릉 : 세조(世祖)의 세자 장(璋: 德宗)과 그 비(妃) 소혜왕후 한씨(昭惠王后 韓氏)의 능이다.

② 창릉 : 덕종의 아우인 예종(睿宗)과 그 계비 안순왕후 한씨(安順王后 韓氏)의 능이다.

③ 익릉 : 숙종 왕비 인경왕후 김씨(仁敬王后 金氏)의 능이다.

④ 명릉 : *(2)참조

⑤ 홍릉 : 영조 원비(英祖元妃) 정성왕후 서씨(貞聖王后 徐氏)의 능이다.

* 숙종이 수원성을 미복 잠행할 때 어느 청년의 모친 장례를 보고 나서 지관 갈처사를 만나고 숙종이 자기가 묻힐 명당을 갈처사에게 부탁하여 명릉을 선정하였다는 고사가 있으나 갈처사는 현재 자료가 없다.

〈2008. 7. 20〉

# 철원 제2땅굴

## (1) 제2땅굴

남북의 아픔을 간직한 안보관광의 핵심
위치 : 철원군 동승읍 양지리

군사분계선 비무장지대에서 발견된 이 땅굴은 한국군 초병이 경계근무 중 땅속에서 울리는 폭음을 청취함으로써 현대장비를 통한 시추작업으로 땅굴 소재를 확인한 후 수십 일간의 끈질긴 굴착 작업 끝에 1975년 3월 19일 한국군 지역에서는 두 번째로 발견한 북괴의 기습 남침용 지하 땅굴이다.

땅굴이 있는 지점은 견고한 화강암층으로 지하 5~160미터 지점에 있는 이 땅굴의 총연장은 3.5킬로인데 그중 군사분계선 남쪽으로 1.1킬로까지 파내려 왔고 그 규모는 높이 2미터의 아치형 터널로서 한 시간당 중무장한 약 3만 명의 병력과 야포 등의 대규모 침투가 가능하도록 특수 설계된 북괴의 엄청난 도발 현장이기도 하다.

### (2) 고석정

위치 : 철원군 동송읍 장흥리

조선조 초기 임꺽정의 활동무대로 널리 알려진 전설 있는 국민관광지.

1977년 국민관광지로 지정된 고석정은 한탄강 중류에 위치한 철원팔경의 하나로 강 중앙에 10미터 높이의 거대한 기암이 우뚝 솟아 있는 것이 특이한 남한 대륙의 유일한 현무암 분출지이며 조선조 초기 임꺽정의 활동 무대로도 널리 알려져 있어 많은 전설이 전해지고 있다.

이곳에서 상류로 약 2킬로 지점에 직탕폭포와 하류 약 2킬로 지점에 순담이 위치해 있다.

### (3) 철원 노동당사

1946년 완공된 3층 건물이다. 6 · 25전쟁이 일어나기 전까지 북한의 노동당사로 이용되었다. 2001년 2월 근대 문화유산에 등재되어 정부 차원의 보호를 받고 있다.

### (4) 백마고지 전투

백마고지 전투는 한국 전쟁 당시 1952년 10월 6일~10월 15일까지 한국군과 미군이 중공군과 싸워 승리한 전투이다.

강원도 철원 서북방에 위치한 386고지는 광활한 철원평야 일대와 서울로 통하는 국군의 주요 보급로를 장악할 수 있는 군사지정학상 요지가 되어 국군과 중공군의 치열한 전투가 시작되었다. 1952년 10월 저녁 중국인민지원군 대장 장융후이는 제

▲ 고석정

38군단의 6개 연대, 지원부대 병력 등 총병력 4만 4,056명과 각종 포 55문의 지원을 받으며 국군을 기습 공격했다. 이에 국군은 김종오 소장이 지휘하는 제8사단 예하의 제28, 29, 30연대 병력 2만 명에, 국군 제51, 52, 53 포병 대대, 국군 제53전차중대, 미군 제214 자주포병대대, 미군 제955 포병대대, 미군 제73 전차대대 등의 지원을 받아 인민지원군의 공격을 격퇴했다. 9일간 12차례의 공방전으로 백마고지는 황폐화 되었고, 포탄 30만 발이 작렬하면서 고지의 주인이 24번이나 바뀌었다. 중공군은 1만 명, 국군은 3,500명의 사상자를 냈다. 이 전투의 승리의 요인은 우수한 정보활동과 보병과 포병의 적절한 협동, 공군의 항공근접지원, 전투부대의 적절한 임무교대 등으로 충분한 휴식을 취했기 때문이다.

백마고지는 포격으로 산이 본래의 모습을 잃어 그 모양이 백마가 누워 있는 것 같다고 해서 백마고지로 불리게 되었다.

백마고지 전투의 대승으로 휴전을 앞둔 군사적 요지를 확보하게 되었고 유엔군은 휴전회담에서 계속 유리한 입장을 지킬 수 있었다.

(5) 철원팔경

① 고석정
② 삼부연폭포 - 명성산 중턱에 위치.
③ 직탕폭포 - 한탄강 상류에 위치.
④ 도피안사 - 신라 경문왕 때 도선국사가 철조불상 안치.
⑤ 매월대폭포 - 조선 세조 때 생육신 매월당 김시습 은거.
⑥ 토교저수지 - 농업용수 공급을 위해 조성, 전천후보(全天候洑).
⑧ 제2땅굴.

(6) 제1땅굴

1974년 11월 5일 경기도 파주시 고랑포에서 동북방 8킬로 지점 비무장지대 안에서 발견된 이 첫 번째 땅굴은 휴전선 남방한계선을 불과 800미터 남겨 놓은 지점에서 발견되었다. 이 땅굴의 위치는 서울에서 불과 65킬로 거리로써 그 규모는 1시간에 연대 이상의 무장병력이 통과할 수 있는 규모의 땅굴이다. 제1땅굴은 비무장지대 내에 있는 관계로 외부에 개방되지 않고 있다.

### (7) 제3땅굴

1978월 10월 17일에 발견된 제3땅굴은 제2땅굴과 같은 규모이다. 판문점 남방 4킬로 지점 비무장지대 안에서 발견된 이 땅굴은 아치형으로 1시간에 3만여 명의 무장병력을 이동시킬 수 있는 규모이다.

### (8) 제4땅굴

1990년 3월 3일에 발견된 제4땅굴은 양구 동북방 26킬로 지점(해안면) 동부전선 비무장지대에 위치하고 있으며 규모는 지하 145미터 깊이에 높이와 폭이 각 1.7미터, 총길이가 2,052미터나 뻗어 있으며 군사분계선에서 무려 1,502미터나 남쪽에서 발견되었다.

북에서 파내려 오다 발견된 남침용 땅굴은 모두 4개이다. 서부전선 지역에 2개(제1, 제3 땅굴), 중부전선 지역에 1개(제2 땅굴), 동부전선 지역에 1개(제4 땅굴)이고, 제4호 땅굴이 발견되면서 북한이 전 전선지역에서 남침용 땅굴을 굴착하였음이 입증되었다. 특히 1975년에 발견된 제3호 땅굴은 서울에서 불과 44킬로 거리에 있는 위협적인 존재였다. 남침용 땅굴은 1971년 9월 25일 "하나의 갱도는 10개의 핵 폭탄보다 효과적이다"라는 김일성 교시로 1972년 5월부터 공사가 이루어졌고 이로부터 2년 후 1974년 11월 15일 경기도 파주시 고랑포 비무장지대 내에서 최초로 남침용 땅굴이 발견된 것이다(제1땅굴).

〈2010. 6. 25〉

# 조선 제일의 재상 서애 유성룡(柳成龍)

## (1) 유성룡의 생애와 업적

조선 중기의 문신, 학자로 호는 서애(西厓)이며 시호는 문충(文忠)이다. 이황(李滉)의 문인으로 1564년(명종 19년) 사마시를 거쳐 1566년 별시문과에 병과로 급제하였다.

대사간, 도승지, 대사헌을 거쳐 경상도 관찰사가 되었다. 예조판서, 대제학을 거쳐 1590년 우의정으로 승진하고 왜구의 침입에 대비하여 권율과 이순신을 의주목사와 전라좌수사에 추천하고 이듬해 좌의정, 이조판서를 겸하다가 1592년 임진왜란이 일어나자 도체찰사로 군무를 총괄하고 이순신, 권율 등 명장을 등용하였다, 이어 영의정이 되어 왕을 호종(扈從)하여 평양에 이르렀는데, 반대파의 탄핵으로 면직되었으나 의주에 이르러 평안도 도체찰사가 되었다.

이듬해 명나라 장수 이여송(李如松)과 함께 평양을 수복하고 그 후 충청, 경상, 전라 3도의 도체찰사가 되어 파주까지 진격, 이때에 영의정이 되어 4도 도체찰사를 겸하여 군사를 총지휘하였다.

1598년 명나라 경략(經略) 정응태(丁應泰)의 조선 일본의 연합과 중국 공격의 무고 사건으로 북인의 탄핵을 받아 관직을 삭탈당했다. 1600년 복관되었으나, 본인의 사양으로 은거에 들어갔다.

안동의 호계서원(虎溪書院), 병산서원(屛山書院) 등에 제향되었다. 저서에 〈서애집〉〈징비록(국보 제132호)〉 등이, 편서에 〈황화집(皇華集)〉〈정충록(精忠錄)〉 등이 있다.

### (2) 유성룡 실각의 의문점

유성룡의 인생에는 몇 가지 수수께끼가 있는데, 그중 가장 큰 의문점은 전쟁이 끝나가는 시점에서 그가 실각한 이유다. 북인 이이첨이 유성룡을 최초로 탄핵한 선조 31년(1598년) 9월 말은 풍신수길이 사망해 8월 28일과 9월 5일에 이미 철군령이 내려진 후였다. 임진왜란 7년 동안 유성룡은 전란 극복의 선두였다. 임진왜란 이듬해부터 도체찰사에 영의정까지 겸임하고 전쟁을 이끌었다. 그런 그가 종전이 되자마자 공격대상이 된 것이다. 그가 탄핵당한 이유는 '종계변무(宗系辨誣)'를 위한 사신 길을 자청하지 않아서였다.

태조 이성계의 부친이 고려 말의 권신 이인임(李仁任)이라고 기록된 명나라 '대명회전(大明會典)'의 내용을 고쳐달라는 요청이 종계변무인데, 태조 3년(1394년)에 처음 불거진 것으로 200년도 더 지난 사건이다. 전시 도체찰사이자 영의정이 탄핵당할 사건이 아니다. 이것이 설득력이 약하자 강화를 주장했다는 주화(主和) 혐의를 추가했다. 그러나 유성룡이 강화를 주장

▲ 하회마을 앞에서 필자 부인

했다는 기록은 어디에도 없다. 도성사수론, 평양결전론을 주장하고, 선조가 요동으로 도주하려 할 때 "대가(大駕)가 국토 밖으로 한 걸음만 떠나면 조선은 우리 땅이 되지 않습니다"라고 저지한 강경 주전론자다. 이런 유성룡에게 혐의를 씌우고 이를 빌미로 실각시킨 데는 다른 배경이 있다.

선조도 그런 이유의 한 부분이다. 전쟁 기간 내내 도주하기 바빴던 선조는 종전되기 전에 유성룡을 제거해야 했다. 유성룡의 전시 정책에 큰 불만을 갖고 있던 양반 사대부들이 선조와 함께 유성룡을 실각시킨 것이다. 전시 정책 중 속오군은 양반부터 노비까지 포함된 군대였고, 작미법은 토지 소유의 과다를 기준으로 세금을 부과하는 대동법을 뜻한다. '천한 신분 발탁'은 서얼이나 천인들을 발탁해 면천(免賤)시키고 벼슬을 주었다는 것이다. 이는 모두 양반 사대부들의 오랜 기득권을 흔든 제도이자 법이다.

유성룡을 제대로 알아본 군주는 정조다. 그는 '홍재전서' '일득록'에서 이렇게 말했다.

"저 헐뜯는 사람들을 유성룡이 처한 시대에 처하게 하고 유성룡이 맡았던 일을 행하게 한다면 그런 무리 백 명이 있어도 어찌 감히 유성룡이 했던 일의 만분의 일이라도 감당했겠는가. 이 사람의 정신은 몸보다 크다. 대개 그는 젊었을 때부터 이미 우뚝 거인(巨人)의 뜻이 있었다."

전란 극복을 위해 자신이 속한 계급의 신분적 특권까지 타파했고, 결국 그 때문에 불행한 종말을 맞이한 유성룡은 우리나라 역사에 우뚝 선 거인이다.

〈2010. 3. 26〉

# 하회(河回)마을

## (1) 하회(河回)마을과 그 설화

하회는 푸른 강을 안고 있는 마을이다. 여기서 강은 낙동강(洛東江)을 가리킨다. 이 부근의 집단취락(集團聚落)들이 대개가 그렇듯 하회 역시 낙동강 기슭에 자리를 잡고 이루어진 마을 가운데 하나인 것이다. 영남 북부지방에서 하회라면 널리 그 이름이 알려진 거촌(巨村)에 속한다. 이 마을의 특성은 일차적으로 자연환경에서 얻어낸 것이다. 이 마을 앞을 흐르는 낙동강은 그 수량(水量)부터가 넉넉하다.

하회마을의 개척설화(開拓說話)가 있다. 처음 하회에 터를 닦고자 했을 때의 일이다. 여러 가지 까닭을 알 수 없는 일들이 꼬리를 물고 일어났다. 집을 짓고자 기둥을 세우면 주추가 허물어지고 우물을 파면 불순물이 섞여 나왔다. 그래서 고심참담하고 있었는데, 마침 역사(役事)를 주동하는 사람에게 현몽(現夢)으로 스님이 나타났다. 이런 좋은 터의 임자가 되기 위해서는 그만한 공덕을 닦아야 한다고 일러주었다. 그에 따라 마을의 개척자들은 하회에서 일단 고개 너머로 후퇴했다. 스님의

▲ 하회마을 앞에서 필자

권유대로 적선을 베풀기 시작했다. 마을의 개척자들은 짚신을 삼아서 여러 사람들에게 나누어 주었다. 그 다음에 다시 하회마을에 들어간 것이다. 개척설화에는 불교의 포교설화(布敎說話) 냄새가 강하게 풍긴다.

### (2) 자연과 인공의 교차

행정구역으로 보면 하회는 안동군 풍천면(安東郡 豊川面)에 속한다. 풍천면은 원래 풍산현(豊山縣)의 일부였다. 하회는 실제 일종의 고립지대로 되어 있다. 하회는 마을 후면에 일군(一群)의 산과 구릉지대를 거느리고 있다. 전면에는 낙동강이 가

▲ 병산서원 앞에서 필자 부부

로놓여 있다. 이 마을은 일종의 교통상 벽지를 이루고 있다. 이것은 다른 면에서 보면 이 마을에 베풀어진 천혜(天惠)에 해당된다.

지세로 보면 동쪽에 높은 봉들이 있다. 그 주봉에 해당되는 것이 화산(花山)이다. 태백산의 지맥을 이루고 있는 이 산은 그 높이가 해발로 271미터가 된다. 화산 기슭에는 서애(西厓) 유성룡(柳成龍)의 학덕을 기념하기 위해 세워진 병산서원(屛山書院)이 있다.

하회 앞을 흐르는 낙동강은 특별히 화천(花川)이라고 부른다. 그리고 화천 건너에는 영양 일월산(日月山)의 산맥이 가까이 있다. 훌륭한 자연에 인간의 손길이 가해져 금상첨화가 되었다. 일찍 이 마을을 차지하고 세거(世居)해 온 사람들은 풍산(豊山) 유(柳)씨 들이다.

▲ 병산서원 안내판 앞에서 필자 부인

중종 때 유중영(柳仲郢)은 과거에 급제하여 벼슬이 관찰사(觀察使)에 올랐다. 그는 두 아들을 두었는데, 그 한 분이 유운룡(柳雲龍)이며 다른 한 분은 유성룡(柳成龍)이었다. 유운룡은 퇴계 문하에서 배웠으나 과거에 응시하지 않고 후에 음사로 원주목사 등을 지냈고, 유성룡은 나라가 위급했을 때 재상이 되어 그 명성을 후세에까지 남긴 분이다. 그가 모신 임금은 선조(宣祖)였다. 그가 조정의 중신이었을 때 강토는 미증유의 대전란, 임진왜란에 휩쓸렸다. 백성의 목숨이 도탄에 빠졌고 국가의 명맥까지 풍전등화의 위기에 처했을 때 유성룡은 안으로 임금과 신하들의 생각을 모으고 백성들을 이끌어 나갔다. 밖으로는 명(明) 나라의 구원을 얻기에 성공했고, 명나라 병사의 방약

무인한 작태들을 잘 무마하여 좋은 방향으로 이끌어 냈다. 유성룡은 한국사에서 가장 훌륭한 재상 중의 한 사람으로 꼽힌다.

### (3) 병산서원과 도산서원

① 병산서원

광해군 5년(1613년)에 건립한 경상북도 안동군에 있는 서원. 조선조 선조 때의 명신인 유성룡을 향사(享祀)하기 위하여 세웠으며, 그 후에는 그의 아들 유진(柳袗)을 배향하였다.

2) 도산서원(陶山書院)

경상북도 안동군 도산면에 있는 서원. 선조 7년(1574년)에 건립되어 이황(李滉)을 모시고, 다음 해에 선조로부터 친필로 된 편액(扁額)을 받았다. 그 후 광해군 7년(1615년)에는 조목(趙穆)을 배향하였다.

### (4) 하회의 민속(民俗)

① 별신굿

하회탈춤으로 보다 널리 알려져 왔다. 여성신(女性神)인 하회의 서낭에게 드리는 제례의식의 한 부분에 속한다. 광대는 전원이 하회 유씨가 아닌 다른 성씨의 소유자. 반지배계급, 상민의 예술, 민중연회,

② 줄불놀이

이 놀이의 주역은 풍산 유씨들로 구성되었다.

하회의 줄불놀이는 강을 이용한 뱃놀이와 불꽃놀이를 겸한 것이었다.

〈2010. 3. 26〉

# 추사(秋史) 김정희(金正喜)와 세한도(歲寒圖)

## (1) 김정희의 생애

조선조 후기의 대표적인 서예가, 금석학자, 실학자인 김정희(1786~1856)는 1786년(정조 10년) 충남 예산군 신암면 용궁리에서 출생하였다. 아버지 김노경(金魯敬)은 병조판서를 지냈고 큰아버지 김노영에게 양자로 들어갔다. 증조부 김한신(金漢藎)이 영조의 장녀 화순옹주(和順翁主)와 결혼하여 월성위(月城尉)가 되어 김씨 가문은 훈척가문(勳戚家門)이 되었다.

김정희는 24세에 문과(식년식 병과)에 급제하여 예문관 검열(藝文官 檢閱)과 규장각 대교(奎章閣 待敎)를 거쳐 충청우도 암행어사가 되었다. 51세(헌종 2년)에 성균관 대사성(成均館 大司成)을 거쳐 병조참판에 임명되었다. 다시 동지부사(冬至副使)에 임명되었으나 반대파의 공격으로 '윤상도의 옥(獄)'에 연루되어 9년에 걸쳐 제주도에서 귀양살이를 하였다. 제주도 대정현(大靜縣)에 위리안치 되었다. 제주를 방문하여 스승을 위로하는 제자 이상적(李尙迪)을 위해 그려준 세한도(歲寒圖 : 국보 제180호)는 한 티끌도 군더더기를 용납하지 않는 지고(至

▲ 세한도(上), 추사 고택의 추사 묘소(下)

高)의 경지를 보여 준다. 헌종의 배려로 1848년 9년간의 유배에서 풀렸다. 1851년 영의정이었던 친구 권돈인의 일에 연루되어 함경도 북청에 2년간 유배되었다가 풀려난 후 벼슬자리를 사양하고 예도(藝道)와 불교 신앙 생활에 몰두하며 여생을 보내다가 71세인 1856년에 생을 마감하였다.

### (2) 세한도(歲寒圖) - 국보 제180호

추사의 처지가 벼슬이 떨어지고 제주도에서 9년 동안 유배생활을 하게 되자 모든 주위의 인심은 바뀌었다. 추사의 제자 중

이상적이라는 제자는 스승을 잊지 않고 중국에 역관으로 드나들며 스승을 생각해서 귀한 책을 구해 계속 유배지로 보냈다. 추사는 위험을 무릅쓰고 책을 보내주는 제자가 너무 고마워 세한도를 그렸다. 그림의 크기는 세로 23.7센티미터에 가로 109센티미터로 그림만은 별로 크지 않은 크기지만 여러 사람의 발문(跋文)이 붙어 있어 세한도를 펼치면 10미터에 이른다(두루마리).

그림의 구도를 설명하면, 왼쪽에 잣나무 두 그루와 그 옆으로 초라한 초막집과 꼿꼿이 서 있는 소나무 두 그루를 그리고 오른쪽에 김정희 필치의 화제와 낙관이 찍혀 있는 것이 전부다. 단순하기도 하고 먹물이 묻은 붓을 꼭 짜서 마른 붓질로 까실까실한 느낌이 드는 갈필을 많이 써서 황량한 느낌과 함께 메마르고 차가운 먹색이 어우러져 외롭고 초라한 유배생활을 잘 나타내주고 있으며 고고한 문기를 강렬하게 발산하여 문인화의 높은 경지를 보여주고 있다.

그림에 김정희 자신이 쓴 시제에 논어의 자한(子罕)편에 나오는 "세한연후지송백지후조(歲寒然後知松栢之後凋)"라고 쓰여 있다. 이 뜻은 "아주 추운 겨울이 되어서야 잣나무와 소나무의 푸르름을 알 수 있다."는 뜻으로 처지가 뒤바뀌어 주위의 인심이 변함을 말하기도 하고 자신의 힘든 유배생활을 세한(추운 겨울의 심한 추위)에 비유하여 그런 속에서도 송백과 같은 변함없는 의지로 선비의 기상을 잃지 않겠다는 자신의 굳은 의지를 표현하고, 또한 추사의 발문에 '지금의 이상적의 처신은 어느 성인이라도 칭찬할 것이다' 라고 제자 이상적의 스승에 대한 변치 않는 의리에 고마움을 표현하였다. 이상적은 이듬해에 중

▲ 추사 고택

국 북경에 가게 되어 스승의 옛 친구인 오찬의 잔치에 초대받아 간 자리에서 스승의 세한도를 내보였다. 이때 함께 자리했던 청나라 문사 16인은 이 그림을 감상하고 그 어려운 유배생활 속에서 세한도에 표현한 김정희의 마음을 헤아리고 세한도의 높은 품격과 사제간의 깊은 정에 감격하여 저마다 이를 기리는 시문을 남겼다.

그 후, 이상적은 자신의 제자 김병선에게 그림을 주게 되고 그의 아들 준학 군이 쓰고 읊으며 보관했으나, 그림이 그려진 지 70여 년 뒤 일제 강점기를 맞아 귀중한 보물과 서적을 탈취하니 이때 이 그림도 경성대학 교수였던 후지쯔까를 따라 동경으로 건너가게 되었다. 그 후, 세계에 전운이 감도는 1944년 서예가인 손재형이 어려움과 위험을 무릅쓰고 현해탄을 건너가

후지쯔까를 여러 번 방문 사정하여 사재를 털어 세한도를 다시 고국의 품으로 돌아오게 하였다.

세한도가 다시 고국의 품으로 돌아오니 이를 보고 위대한 한 학자이자 독립운동가였던 오세창이 세한도가 이역으로 전전한 내역과 그 동안에 기록된 찬문의 내역을 자세히 적고 세한도를 찾게 된 기쁨을 시 한 수로 덧붙였다. 이어 초대 부통령 이시영과 정인보의 평가와 감회의 글과 서예가 손재형의 필치로 세한도가 남겨졌다.

세한도는 작가의 농축된 예술적 기질과 고결한 선비의 정신에서 발로되는 담박함과 지조와 기상, 그리고 사제지교의 아름다움이 이 시대의 교훈이 되기 때문이 아닌가 한다. 더욱 중요한 것은 청나라 유학자 16인의 발문이 있어 문화사적으로 중요한 자료가 되고 있다. 1844년 작품이고 지금은 손찬근이 개인 소장하고 있다.

〈2010. 2. 14〉

* 한국신문학 통권 제18호(2010. 10. 5 한국신문학인협회 발행) 게재

# 남이(南怡) 장군과 남이섬

## (1) 남이섬

강원도 춘천시 남산면 빙하리에 있는 섬이다. 남이 장군의 묘역이 있는 문화 유적지이지만 현재는 유원지로 개발되었다.

개인 소유의 섬으로 드라마 촬영으로 인해 많은 관광객을 유치하고 있으며, 일본과 동남아 관광객들이 한국 드라마의 영향력으로 많이 찾고 있는 관광 명소이다.

드라마카페 "연가지가"와 갤러리 "레종", "그때 그시절 전시관", 안데르센홀, 유니세프홀, 노래박물관 등의 문화공간이 있다.

드라마 겨울연가에서 배용준과 최지우가 남이섬의 매타세쿼이아 가로수길과 은행나무길을 걸었다.

## (2) 섬의 위치

남이섬은 원래 섬이 아니었다. 구릉지로 형성된 작은 봉우리였다. 1940년대 이곳에 청평댐이 건설되면서 주변이 물에 잠기고 봉우리는 섬이 되었다. 행정구역상으로는 강원도 춘천시 남산면 방하리에 속해 있고 길은 경기도 가평군으로 통한다.

남이 장군이 유배를 당해 기거했던 곳이자 묘가 있는 곳이기도 하다. 전설에 담겨 전해져 오는 돌무더기가 있어 이를 흙으로 덮어 봉분을 만들고 치장한 게 현재의 남이장군묘라고 하는데 실제 남이 장군이 묻혀 있는지는 확인할 수 없다. 참고로 경기도 화성시 봉면 남전리에도 남이장군묘(경기도기념물 13호)가 있다.

(3) 교통

남이섬은 유원지로 개발되었음에도 불구하고 북한강의 서쪽, 동쪽으로 모두 다리가 놓여 있지 않다. 가평군 달전리의 선착장에서 연결되며, 남이섬 안의 선착장에서 남이섬 중심지를 오가는 궤간 610밀리미터의 유니세프 나눔열차가 운행된다. 또한 자라섬을 잇는 짚와이어로도 들어갈 수 있다.

(4) 남이 장군(1441~1468)

조선 시대의 무신, 정치인, 시인, 본관은 의령(宜寧).

남이는 의산위 '남휘'의 손자이며, 의산위는 태종 이방원의 사위이다. 의산위는 태종 이방원의 넷째 딸인 정선공주와 혼인했다. 남이의 장인은 권람(세조의 공신, 남이의 부인 권씨와 권람은 남이 옥사 이전 모두 사망)이다.

세조 3년(1457) 무과에 장원 급제하여 세조의 총애를 받았으며, 세조 13년(1467) 이시애의 난을 평정하여 적개공신(敵愾功臣) 1등관에 올랐다. 이어서 서북변의 건주위(建州衛) 여진족을 정벌하고 2등 군공을 받았으며, 공조판서를 거쳐 오위도총부 도총관을 겸하고 27세의 나이로 병조판서가 되었다. 신숙주, 한명회 등이 이시애 난 평정으로 등장한 신세력을 제거할 때 남이는 병조판서에서 해직되어 겸사복장(兼司僕將)으로 전임되었다. 서얼 출신인 유자광의 시기와 모함을 받았다. 유자광은 남이가 지은 시문을 조작하여 모함하였다.

"백두산 돌은 칼을 갈아 다 없애리라.
두만강 물은 말을 먹여 없애니
남아 이십에 나라를 평정하지 못하면
후세에 누가 대장부라 일컬으리요.
白頭山石磨刀盡　頭滿江水飮馬無
男兒二十未平國　後世誰稱大丈夫

유자광은 '미평국(未平國)'이란 글귀를 '미득국(未得國)'이라 하였다고 조작하였다. 즉 '나라를 평정하지 못하면'을 '나라를 얻지 못하면'으로 왜곡하여 반역의 뜻이 있다고 모함받아 신숙주, 한명회 등의 거듭된 탄핵으로 남이는 주살(거열형)되었다.

순조 18년(1818년)에 관직이 복귀되었고 충무의 시호가 내려졌다.

〈2011. 10. 28〉

## 경순왕릉(敬順王陵) - 연천

경순왕은 신라의 제56대 마지막 왕(927~945 재위)으로 성은 김(金), 이름은 부(傅)이다. 신라 문성왕의 후손으로 927년 경애왕이 후백제 견훤의 습격을 받아 사망한 후 왕위에 올랐다. 경순왕릉은 경기도 연천군 장남면 고랑포리 산18-2에 위치하고 있으며 사적 제244호(1975년 6월 25 지정)로 경주가 아닌 타 지역에 위치한 유일한 신라왕릉이다.

재위하던 당시 후백제의 잦은 침입과 각 지방 호족들의 할거로 국가 기능이 마비된 상태였다. 경순왕은 신하들과 큰아들 일(鎰)의 반대를 무릅쓰고 고려 왕건에게 평화적으로 나라를 넘겨준 후 왕위에서 물러났다. 이후 태자 일은 금강산으로 들어가 후일 마의태자(麻衣太子)라고 불렀다.

고려에 나라를 귀부한 경순왕은 태자보다 높은 지위인 정승공에 봉해지는 한편 유화궁을 하사받고 경주를 *식읍(食邑)으로 받아 최초의 *사심관(事審官)으로 임명되었다. 태조 왕건의 딸 낙랑공주와 결혼하여 여러 자녀를 두었으며 귀부한 지 43년 후인 978년(고려 경종3년) 세상을 떠났다. 비보(悲報)를 접한 신라 유민들이 장사진을 이루며 경주에 장례를 모시고자 하였으나 고려 조정에서 '왕의 구(柩)는 백 리 밖으로 나갈 수 없다' 하여 이곳 장단부 고랑포의 성거산에 왕의 예로 장례를 모셨다.

(1) 경순왕릉의 내력

경순왕의 사후 오랜 세월이 흐르면서 잊혀졌던 것을 1747년(조선 영조 23년) 후손들이 왕릉 주변에서 묘지석(墓地石)을 발견함으로써 되찾게 되었다. 따라서 경순왕릉은 조선 후기의 양식으로 재정비되어 오늘에 이르고 있으며, 봄과 가을 두 차례에 제례가 행해지고 있다. 경순왕릉 주변에는 1986년 건립된 정면 3칸, 측면 1칸, 맞배지붕의 재실 건물과 경순왕릉의 것으로 추정되는 비가 비각 안에 놓여 있다.

(2) 경순왕릉 신도비

경순왕릉 주변에는 경순왕릉 신도비라고 전해지는 대리석재의 비석이 비각 안에 세워져 있다. 이 비석은 원래 고랑포구 주변에 방치되어 있던 것으로 1976년 고랑포 초등학교로 옮겨 놓았다고 한다. 1748년(영조24년) 후손들이 발견한 신도비로 추정하여 1986년 비각을 짓고 이곳으로 옮겨 놓은 것이다. 비의 마모상태가 심하여 현재 한쪽 면에서만 몇 개의 문자만 판독될 정도여서 내용은 전혀 알 수 없다. 비석의 건립 연대는 모르지만 비석의 형태로 보아 조선 초기의 것으로 추정된다.

(3) 경순왕릉의 격식

경순왕릉의 전체적인 형태는 조선 후기 사대부 묘소의 전형적인 격식을 보이고 있으며 왕릉의 강(岡)이 조성되어 있을 뿐 주변의 석물들은 모두 조선 영조 때 만든 것이다. 능상(陵上 : 봉분)은 원형으로 32매의 호석(護石 : 병풍석)과 장방형의 곡장

(曲墻 : 담장)을 두르고 있으며, 능의 전면에 2단의 계체석을 갖추고 있다. 상단 계체석 위에는 능상 앞으로 능표와 상석이 놓여져 있다. 중단에는 네 면에 사각 화창(火窓)과 팔각지붕형의 옥개(屋蓋)를 얹은 *장명등(長明燈)이 직선상에 놓여져 있고, 장명등 좌우에 *석양(石羊)과 망주석(望柱石)이 하나씩 서 있다. 곡장과 호석은 형식과 문양의 형태로 보아 일제강점기인 1932년 보수를 하면서 설치된 것으로 보인다.

(4) 신라 경순왕릉 능표(陵表)

능표 전면에는 신라경순왕지능(新羅敬順王之陵)이라는 7자가 기록되어 있고, 후면에는 5행의 글자가 새겨져 있다.

후면의 글자를 해석하면

경순왕은 신라 제56대 왕으로 927년에 경애왕의 대를 이어 왕위에 오르셨고, 935년에 나라를 고려에 넘겨 주셨다. 978년(고려 경종 3년) 4월 4일에 세상을 떠나니 시호는 경순이라 하고 왕의 예로 장단 남쪽 고부 8리 계좌 방향의 언덕에 장사지냈다. 영조 23년 1747년 다시 세우다.

(註)

* 식읍(食邑) : 국가에서 공신에게 내리어, 개인이 조세를 받아 쓰게 한 고을.
* 사심관(事審官) : 고려 시대 서울에 있으면서 고향의 일에 참섭하던 벼슬. 향직의 감독(신분의 구별, 부역의 공평, 풍속의 교정)을 맡음.
* 장명등 : 일반적으로 돌아가신 이의 명복을 빌기 위해 무덤 앞에 세움.
* 석양 : 능 주인의 명복을 빌고 귀신이나 잡귀를 물리치는 벽사의 역할을 함.

〈2012. 6. 29〉

## 단양팔경(丹陽八景)

충북 단양군을 중심으로 주위 12킬로 내외에 산재하고 있는 8가지의 명승지이다.

### (1) 도담삼봉(嶋潭三峰)

단양 북쪽 12킬로 지점의 단양읍 도담리에 있다. 남한강의 수면을 뚫고 솟은 세 봉우리 가운데 높이 6미터의 장군봉(將軍峰, 남편봉), 왼쪽 남봉(南峰)은 첩봉(妾峰, 딸봉)이라 하고, 오른쪽은 처봉(妻峰, 아들봉)이라고 한다. 조선의 개국공신 정도전(鄭道傳)이 유년 시절에 살았고 그 후 이곳에 은거하여 자신의 호를 삼봉이라 지었다고 한다.

### (2) 석문(石門)

단양 북쪽 12킬로 지점의 도담삼봉 하류에 있다. 남한강변에 높이 수십 척의 돌기둥이 좌우로 마주보고 서 있는 위에 돌다리가 걸려 있어서 무지개 형상을 하고 있다.

### (3) 구담봉(龜潭峰)

단양 서쪽 9킬로 지점인 단성면 장회리(長淮里)에 있으며, 남한강을 따라 깎아지른 듯한 장엄한 기암괴석으로 그 형상이 마치 거북같다 하여 구봉(龜峰)이라고도 하였다.

### (4) 옥순봉(玉筍峰)

단양 서쪽 9킬로 지점의 장회리에 있으며, 그 솟아오른 봉우리는 자유분방하고 기상천외하여 예로부터 소금강(小金剛)이라 불렀다. 우후죽순같이 솟아오른 천연적 형색이 희다 하여 옥순봉이라 하였다고 한다. 1549년(명종 4년) 단양 군수로 부임한 이퇴계(李退溪)가 옥순봉이 단양이 아닌 청풍에 속하여 청풍군수를 찾아 옥순봉을 단양으로 변경할 것을 청했으나 거절당하고 오는 길에 옥순봉 하단 석벽에 단양의 관문이라는 뜻의 '단구동문(丹丘東門)' 이라 각명(刻銘)했다고 하며 지금도 옥순봉은 청풍에 속해 있다.

이퇴계가 지은 시 한 수가 남아 있다.

> 산은 단풍 잎 붉고 물은 옥같이 맑은데
> 석양의 도담삼봉엔 저녁 놀 드리웠네
> 신선의 뗏목을 취벽에 기대고 잘 적에
> 별빛 달빛 아래 금빛 파도 너울지더라.

이퇴계는 단양군수에 부임하여(48세) 관기(官妓) 두향(杜香 18세)과의 애절한 사랑이 전해 오고 있다.

"내 전생은 밝은 달이었지. 몇 생애나 닦아야 매화가 될까"
(前身應是明月幾生修到梅花)

⑸ 사인암(舍人岩)

단양 남쪽 8킬로 지점인 대강면(大崗面) 사인암리(舍人岩里)에 있으며, 덕절산(德節山, 780m) 줄기에 깎아지른 강변에 따라 치솟아 있는데, 고려말 경사와 역학에 능통했던 유학자이며 단양태생이고 정4품이었던 우탁(禹倬)이 사인벼슬 재직시 이곳에 청유하였다는 사연으로 사인암이라 하였다고 한다. 조선 성종 때 단양군수 임제광이 명명(命名)하였다.

⑹ 하선암(下仙岩)

소백산맥을 흐르는 남한강 상류에 위치하는 단양 남쪽 4킬로 지점인 단성면(丹城面) 대잠리(大岑里)에 있으며, 심산유곡의 첫 경승지로서 불암(佛岩)이라고 부르던 3층의 넓은 바위를 조선 성종 때 단양군수 임제광(林齊光)이 선암(仙岩)이라 부른 뒤부터 하선암이라고 개칭하였으며 봄에는 철쭉꽃, 가을에는 단풍이 온 산을 물들이며 절경을 이룬다.

⑺ 중선암(中仙岩)

단양 남쪽 10킬로의 단성면 가산리(佳山里)에 있으며, 삼선구곡(三仙九曲)의 중심지이다. 흰색의 바위가 층층대를 이루고 있으며, 효종 때 문신 곡운(谷雲) 김수증(金壽增)이 명명한 것으로 전해 온다. 암계류(岩溪流)에서 쌍룡(雙龍)이 승천하였다 하여 쌍룡폭포라고도 한다.

* 두개의 바위 옥염대, 명경대

* "사군강산 삼선수석(四郡江山 三仙水石)" 각자. 조선 숙종 43년 충청도 관찰사 윤헌주(尹憲柱)가 특서.

*사군- 단양, 영춘, 제천, 청풍.

*삼선구곡- 상선암, 중선암, 하선암.

⑻ 상선암(上仙岩)

단양 남쪽 12킬로 지점의 가산리에 있으며, 중선암에서 약 2킬로 올라가면 수만 장의 청단대석(靑丹大石)으로 된 벽과 반석 사이로 흐르는 계수(溪水)가 폭포를 이루고 있어, 선조 때 유학자 수암(遂庵) 권상하(權尙夏)가 상선암이라 명명하였다고 한다.

■ 제2 단양팔경

① 죽령폭포(竹嶺瀑布)

산자수명(山紫水明)한 죽령(竹嶺) 산정에서 떨어지는 폭포.

② 칠성암(七星岩)

운선계곡(雲仙溪谷) 상류에 위치한 바위.

③ 북벽(北壁)

가을철의 단풍으로 절경을 이룬다.

④ 구봉팔문(九峰八門)

소백산맥 중에 솟은 봉우리와 계곡이 절경을 이룬다.

⑤ 금수산(錦繡山)

계절에 따라 변모하는 아름다운 산.

⑥ 온달성(溫達城)

고구려의 온달장군이 축성했다고 전한다.

⑦ 일광굴(日光窟)

길이 약 2킬로의 자연굴 천장에 통혈(通穴)이 있어 일광이 반사한다.

⑧ 고수동굴(古藪洞窟)

천태만상의 절경을 이루는 동굴.

〈2012. 4. 27〉

# 대청댐

## (1) 개요

대청 다목적댐은 충북 청원군 현도면 하석리와 대전 대덕구 신탄진동 사이의 금강 본류를 가로지르는 댐이다.

1975년 3월에 공사를 착공하여 1981년 6월에 완공되었다. 총사업비는 1,557억 원이 들어갔다. 높이 72미터, 길이 495미터, 저수면적은 72.8제곱킬로, 체적 123만 4천$m^3$의 중력식 콘크리트댐과 사력식댐으로 구성된 복합형 댐으로 금강 하구로부터 150킬로 상류지점인 대전광역시 동북방 16킬로, 청주시 남방 16킬로 지점에 위치해 있다.

주요 시설로는 저수용량 14억 9천만$m^3$의 본댐과 조정지댐이 있으며, 본댐 주변에는 저수지내의 물이 다른 지역으로 넘치지 못하도록 해 주는 3개의 보조댐이 있다. 또한 대전광역시와 청주시를 비롯한 충청권 일부지역으로 용수를 공급하기 위한 도수로와 시설용량 9만 킬로와트의 수력발전소가 있다. 대청댐으로 생긴 대청호는 저수량 기준으로 대한민국에서 소양호와 충주호에 이어 세 번째로 큰 호수이다.

(2) 건설 과정

대청댐은 1960년대 후반부터 반복되는 홍수와 가뭄을 방지하고 수돗물을 안정적으로 공급하기 위하여 건설이 검토되었다. 대청댐의 상류인 전북 진안군, 장수군, 충북 옥천군 등의 한 해 강수량은 한반도 평균 강수량보다 100~200밀리미터 가량 많은 장점이 있었다. 대청댐은 경제성 및 최대저수량과 배수 능력을 고려해 수문 하단부에는 콘크리트 중력식으로 댐을 만들고 석괴댐을 결합한 혼합 방식으로 건설되었다.

댐 건설로 인해 대청호 수몰예정 지역에 살고 있던 4,075세대 2만 6,000명의 지역 주민들이 고향을 잃고 신탄진과 대전시내를 비롯해 멀게는 경기도 남양 간척지, 산업단지 취락지 등으로 이주하였다.

(3) 영향

댐건설로 이 지역의 연간 안개 일수가 증가하였고, 가뭄 시에는 호수에 적조 현상이 발생하여 환경이 변화되었다.

대전시의 상수도 공급체계가 대청호로 인하여 변모하게 되었는데, 일제 강점기인 1934년 당시의 세천지역에 세워진 하루 평균 3,400$m^3$의 수돗물을 생산하는 정수장과 1950~1960년대 건설된 유등천 등에서 수돗물을 얻는 산성취수장, 중리취수장 등이 폐쇄되었고, 대청댐에서 공급되는 물은 월평정수장과 회덕정수장에서 정수하여 시내 전역에 수돗물로 공급하게 되었다.

### (4) 자연생태관

대청호 자연생태관에서는 대청호에 서식하고 있는 어류, 곤충, 식물에 관한 표본과 업체 영상자료 등도 전시되고 있다. 또한 생태관 내의 향토관에는 당시 댐건설로 이주했던 원주민들의 생활상을 엿볼 수 있다.

### (5) 교통

* 경부고속도로 신탄진IC - 신탄진역 - 대덕구 용호동 - 32번 지방도로 - 대덕구 미호동(대청댐)
* 중부고속도로 남이IC - 대덕구 용호동 - 32번 지방도로 - 대덕구 미호동(대청댐)

〈2011. 11. 25〉

# 메밀꽃 필 무렵 이효석(李孝石)

(1) 생애

이효석(1907~1942)의 호는 가산(可山)이며 강원도 평창(平昌)에서 출생했다. 한국의 대표적인 단편소설 작가이다.

경성제1고보(현 경기고)를 거쳐 경성제국대학(현 서울대) 법문학부 영문과를 졸업했다. 1928년 '도시와 유령'을 발표하여 작가로 데뷔했고 1934년 평양 숭실전문학교 교수를 역임하고 1936년 조선 시골 사회를 아름답게 묘사한 〈메밀꽃 필 무렵〉을 발표하였고 1942년 뇌척수막염으로 사망하였다(35세). 묘소는 평창군 진부면, 용평면 이장, 경기도 파주시 탄현면 동화경모공원으로 이장되었다.

(2) 주요 작품

도시와 유령, 돈(豚), 수탉, 장미 병들다, 산, 들, 메밀꽃 필 무렵, 화분, 행진곡, 기우.

(3) 이효석문학관

강원 평창군 봉평면 소재

'이효석문학관'은 가산 이효석 작가의 생애와 문학세계를 볼 수 있는 이효석 문학전시실과 다양한 문학체험을 할 수 있는 문학교실, 학예연구실 등으로 이루어져 있다.

⑷ 이효석 생가

강원 평창군 봉평면 소재

메밀꽃의 고장 봉평에서 빼놓지 않고 들르게 되는 곳이 있다. 봉평을 대표하는 문학가 이효석의 생가이다. 이효석은 8세가 되던 해에 평창공립보통학교(현 평창초등학교)에 입학을 위해 평창읍에서 하숙을 하면서 14세에 경성으로 유학을 떠날 때까지 100리 길을 걸어 고향집에 다녔었다. 이곳이 바로 용평뿐만 아니라 한국 근대문학사를 빛나게 했던 가산 이효석이 나고 자란 곳이다.

1990년 문화관광부로부터 '전국 제1호 문화마을'로 지정되었으며 매년 8월말이나 9월초에 "메밀꽃 필 무렵 효석문화제"가 열린다. 문화마을에는 이효석생가터, 물레방앗간, 충주집, 가산공원, 이효석기념관, 메밀향토자료관 등이 있다.

⑸ 메밀꽃 필 무렵

줄거리 : 봉평장의 파장 무렵, '왼손잡이인 드팀전의 허 생원은 장사가 시원치 않아서 속이 상한다. 조 선달에 이끌려 충주집을 찾는다. 거기서 나이가 어린 장돌뱅이 '동이'를 만난다. 허 생원은 대낮부터 충주집과 짓거리를 벌이는 '동이'가 몹시 밉다. 머리에 피도 안 마른 주제에 계집하고 농탕질이냐고 따

귀를 올린다. '동이'는 별 반항도 하지 않고 그 자리를 물러난다. 허 생원은 마음이 좀 개운치 않다. 조선달과 술잔을 주고받고 하는데 '동이'가 황급히 달려온다. 나귀가 밧줄을 끊고 야단이라는 것이다. 허 생원은 자기를 외면할 줄로 알았던 '동이'가 그런 기별까지 하자 여간 기특하지가 않다.

나귀에 짐을 싣고 다음 장터로 떠나는데, 마침 그들이 가는 길가에는 달빛에 메밀꽃이 흐드러지게 피어 있다. 달빛 아래 펼쳐지는 메밀꽃의 정경에 감정이 동했음인지 허 생원은 조 선달에게 몇 번이나 들려준 이야기를 다시 꺼낸다. 한때 경기가 좋아 한밑천 두둑이 잡은 적이 있었다. 그것을 노름판에서 다 잃어버렸다. 그리고 그는 평생 여자와는 인연이 없었다.

그런데 메밀꽃이 핀 여름 밤, 그날 그는 토방이 무더워 목욕을 하러 개울가로 갔다. 달이 너무도 밝은 까닭에 옷을 벗으러 물방앗간으로 갔다. 그리고 거기서 성 서방네 처녀를 만났다. 성 서방네는 파산(破產)을 한 터여서 처녀는 신세 한탄을 하며 눈물을 보였다. 그런 상황 속에서 허 생원은 처녀와 관계를 맺었고, 그 다음날 처녀는 빚쟁이를 피해서 줄행랑을 놓는 가족과 함께 떠나고 말았다.

그런 이야기 끝에 허 생원은 '동이'가 편모(偏母)만 모시고 살고 있음을 알게 된다. 발을 빗디딘 허 생원은 나귀 등에서 떨어져 물에 빠지고 그걸 '동이'가 부축해서 업어 준다. 허 생원은 마음에 짐작되는 데가 있어 '동이'에게 물어 보니 그 어머니의 고향 역시 봉평임을 확인한다. 그리고 어둠 속에서도 '동이'가 자기처럼 '왼손잡이'임을 눈여겨 본다.

〈2011. 6. 24〉

# 백제문화제(白濟文化祭) - 부여, 공주

(1) 백제의 정치적 발전

백제는 기원전 18년부터 660년까지 한반도에 위치했던 나라로 4세기 중반 백제는 근초고왕(近肖古王) 때 크게 발전하였다. 이때 백제는 마한의 나머지 세력을 모두 정복하여 그 영토가 전라도 남해안에 이르렀으며, 북쪽으로는 황해도 지역을 놓고 고구려와 대립하였다. 낙동강 유역의 가야에 대해서도 지배권을 행사하였다. 이로써 백제는 오늘날의 경기도, 충청도, 전라도와 낙동강 중류 지역, 강원도, 황해도의 일부 지역을 포함하는 넓은 영토를 확보하였다. 침류왕 때에는 불교를 공인하였다.

(2) 백제 문화의 일본 전수

백제의 문화는 대체로 세련되고 섬세한 것이 특징으로, 백제의 문화는 일본에 많은 영향을 미쳤다.

백제는 근초고왕 때부터 일본과 적극적인 교류를 하였고 백제가 일본에 보낸 칠지도〔七支刀 길이 74.9 센티미터 이소노가미 신궁(石上神宮) 보물〕는 양국의 교류를 보여주는 중요한 유물 중의 하나이다.

삼국문화의 일본 전수에서 가장 커다란 역할을 한 것은 백제였다. 일찍이 4세기 중엽인 근초고왕 때 아직기(阿直岐)가 일본에 사신으로 가서 일본의 태자에게 한자를 가르쳤고, 이어 왕인 박사(王仁 博士)가 건너가 논어와 천자문을 전하고 경사(經史)를 가르쳤다. 이에 일본의 한학열이 점점 왕성하여 근구수왕(近仇首王) 때에는 일본에서 백제인 학자를 초빙하여 유학, 도기, 직조, 도화 등의 기술까지도 전수하였다.

성왕(聖王)은 처음으로 일본에 불교를 전하였고, 무왕(武王)은 역, 천문지리, 음양오행, 공예미술 등 학문과 기술을 일본에 전하여 아스까문화의 형성의 원동력이 되었다. 약 2000년 전에 일본으로 간 고대 한국인(야요이인)들이 일본에 벼농사법을 전수해 주었다는 것이 일본인 학자에 의해 일본 각지의 초기 논의 형태와 농기구들, 토기, 주거 형태와 부락 등을 통해 고고학적으로 규명되고 있다.

삼국 중 백제가 일본과 교류가 가장 깊었기 때문에 일본의 귀족층에는 백제계 도래인의 자손이 많이 있었다. 간무 천황의 어머니인 다카노노 니이가사는 무령왕을 조상으로 하는 도래인 야마토씨의 출신이다.

### (3) 백제 문화관광

#### ① 부여

##### ㉮ 낙화암

백제의 여인들이 절개를 지키고자 절벽에서 백마강에 몸을 던져 원혼을 묻었다고 전해지는 곳. 백제왕이 즐겨 마셨던 약수가 있는 고란사가 있고 백마강에는 황포돛배가 운행되고 있어 관광객들의 발길이 많은 곳이다.

㉯ 서동공원(궁남지)

백제 무왕 35년(634년)에 만들어진 우리나라에서 가장 오래된 인공연못. 천만 송이 연꽃과 야생화가 만발하는 7월에 서동과 선화공주의 사랑을 주제로 "부여 서동 연꽃 축제"가 개최되어 국내의 많은 관광객이 찾아온다.

㉰ 정림사지 5층석탑

백제 시대의 절터인 정림사터에 있는 세련되고 격조 높은 기품을 풍기는 백제 시대 대표석탑. 목탑양식을 그대로 계승 발전시킨 우리나라 석탑의 아름다움을 대표하는 최고의 작품(대한민국 국보 9호)

② 공주

㉮ 무령왕릉

백제 25대 무령왕과 왕비가 합장된 왕릉으로 지석명문 등 유물 108종 2,906점(국보 12점) 출토. 무령왕릉의 발견은 백제문화 및 미술 등 공예품의 높은 수준과 확실한 연대를 증명하는 역사적인 계기가 되었다.

㉯ 공산성

백제 웅진 시대 5대(문주왕-성왕) 64년간 도읍지인 공주를 수호하기 위해 축조된 산성으로 웅진 시대 초기의 왕궁터로 추정된다. 백제 시대의 수문병 교대식 재현과 쌍수정, 광복루, 공복루 등 많은 볼거리가 있다.

㉰ 계룡산

천 년 고찰인 갑사, 동학사, 신원사 등이 위치해 조선 시대에는 삼악(三嶽) 중 중악(中嶽)으로 봉해져 널리 알려진 충남 제일의 명산

(참고) 2010 세계대백제전(2010. 9. 18~10. 17)

① 주행사장

부여지역 5곳

공주지역 3곳

② 주요 프로그램

수상공연(사비마르)

홍보영상

백제 문화관광(부여 3곳, 공주 3곳)

〈2012. 5. 25〉

# 신비롭고 아름다운 강원도 삼척(三陟)

## (1) 개관

삼척시는 강원도 남동부에 있는 시로서, 태백산맥의 분수령이 되는 청옥산(1,404m), 두타산(1,353m) 등의 연봉이 솟아 있다. 천혜의 자연경관과 빼어난 천연 해수욕장, 수많은 계곡, 명산과 동굴관광의 고장이다.

도계읍 등 일부지역은 해발 800미터 이상 고원지대로 형성되어 있다. 이러한 지형적 영향으로 전국에서 가장 많은 55개의 석회동굴을 보유하여 2002년에는 〈삼척세계동굴엑스포〉를 성공적으로 개최하였다.

각종 지하자원이 풍부하게 매장되어, 그중 무연탄, 철, 석회석이 많이 나서 남한 굴지의 기간산업의 중심지가 되었다. 재배 산삼인 장뇌가 재배되며 버섯류의 생산량도 많다. 어획물은 명태, 꽁치, 오징어, 미역 등이다.

특산물은 장뇌, 왕마늘, 토종꿀, 고포미역, 삼베, 가시오가피 등이 유명하다.

### ⑵ 죽서루(竹西樓)

보물 213호이며 강원도 삼척시 남양동 소재.

두타산의 푸른 숲, 굽이쳐 흐르는 오십천 기암절벽 등과 어울려 절경을 이루며 세워진 누각이 바로 죽서루이다. 누각의 창건연대는 정확히 알 수 없으나 고려 때 학자인 이승휴가 고려 원종 7년(1266년) 서루에 올라 시를 남겼다는 기록으로 보아 그 이전에 창건된 것으로 추정하고 있다. 그 후 조선 태종 3년(1403년) 삼척부사 김효손이 중창한 이래 10여 차례의 중수를 거쳐 현재에 이르고 있으며, 이 누의 남쪽에는 별관인 연근당 등이 있었다고 한다.

오십천 층암절벽 위에 세운 이 누는 자연 암반을 초석으로 삼고 암반 높이에 맞춰 길고 짧은 기둥을 세운 5량 구조의 팔작집으로 공포에서는 악공계수법과 다포계수법이 혼용되었다. 천장의 구조로 보아 맞배집이었을 가능성도 있어 조선 후기까지 여러 번의 수리로 많은 변형이 있었던 것으로 보인다. 서액 중 "제일계정"은 현종 3년(1662년) 부사 허목이 쓴 것이고 "죽서루"와 "관동제일루"는 숙종 37년(1711년) 부사 이성조가 썼으며, "해선유희지소"는 헌종 3년(1837년) 부사 이규현이 쓴 것이다. 이 밖에 숙종(1674~1720), 정조(1776~1800)와 율곡 이이(1538-1584) 등 많은 명사들의 시액이 걸려 있다.

### ⑶ 공양왕릉(恭讓王陵)

삼척 공양왕릉은 강원도기념물 제71호로, 고려의 마지막 임금인 공양왕의 능묘이다. 공양왕은 왕조의 몰락과 함께 폐위되어 왕자 석(奭), 우(瑀)와 함께 원주와 간성을 거쳐 삼척에서 1394년에 교살되었다고 전한다. 현재 공양왕릉이 두 군데 있는데 삼척의 궁촌리와 경기도 고양시 원당동에 남아 있다. 경기도에 있는 공양왕릉은 문헌에 기록되어 있으나 삼척의 공양왕릉은 민간에 오랫동안 구전되어 왔다.

현재 강원도 기념물로 지정된 공양왕릉은 가장 규모가 크고 그 옆은 왕자, 나머지는 시녀 또는 왕이 타던 말무덤이라고 한다. 고양 공양왕릉은 공양왕과 그의 부인 순비 노씨의 능이다. 1416년 공양왕으로 추봉되면서 능호를 고능(高陵)으로 하였다(사적 제191호, 경기도 고양시 덕양구 원당동).

### (4) 무릉계곡 (武陵溪谷)

두타산과 청옥산을 배경으로 형성된 무릉계곡은 호암소로부터 시작하여 약 4킬로 상류 용추폭포가 있는 곳까지를 말한다. 넓은 바위 바닥과 바위 사이를 흘러서 모인 넓은 연못이 볼만한 무릉계곡은 수백 명이 앉을만한 무릉반석을 시작으로 계곡미가 두드러지며 삼화사, 학소대, 오류동, 선녀탕 등을 지나 쌍폭, 용추폭포에 이르기까지 숨막히게 아름다운 경치가 펼쳐진다.

일명 무릉도원(武陵桃源)이라 불리는 이곳은 고려 시대에 동안거사 이승휴가 살면서 〈제왕운기〉를 저술하였고, 조선 선조 때 삼척부사 김효원이 이름을 붙였다고 한다. 기암괴석이 즐비하게 절경을 이루고 있어 마치 선경에 도달한 것 같은 느낌을

▲ 스페인 바로셀로나 올림픽경기장 정문 앞에 있는
마라톤 금메달리스트 황영조 기념비 앞에서 필자

준다. 조선전기 4대 명필가의 한 분인 봉래 양사언의 석각과 매월당 김시습을 비롯하여 수많은 시인 묵객들의 시가 1,500여 평의 무릉반석에 새겨졌다.

### (5) 환선굴

삼척의 환선굴은 가히 우리나라 최고의 동굴이라 할 수 있다. 동굴로 들어서면 그 규모에 놀라지 않을 수 없다. 거대한 광장이 있고 관람로를 따라 돌면서 여러 계곡과 폭포 등을 볼 수 있다. 관람로도 철제 난간으로 잘 정비되어 있는데, 지옥계곡으로 들어가는 곳에는 출렁다리까지 만들어 놓았다. 동굴 곳

곳에 여러 조명시설까지 갖추어 놓아 환상적인 분위기이다. 2010년 4월부터 운행하는 모노레일편으로 구경할 수 있다. 올라가는 도중에 너와집과 굴피집을 볼 수 있다.

### (6) 준경묘, 영경묘

* 준경묘 - 소재지는 삼척시 미로면 활기리. 조선 태조 이성계의 5대조인 양무장군의 묘, 사적 524호.
* 영경묘 - 소재지는 삼척시 미로면 하사전리(준경묘와 영경묘는 거리가 4km 정도). 양무장군의 부인인 평창 이씨의 묘, 강원도기념물 제43호.

1899년 왕명으로 두 무덤을 수축하고, 제각과 비각을 지었다. 준경묘 일대는 울창한 소나무 숲으로 자연경관이 무척 아름답다.

전주 이씨 실묘로는 남한에서 최고의 시조묘이다. 준경묘에는 양무장군의 아들인 목조(穆祖)가 한 도승의 예언대로 백우금관(百牛金棺)을 준비하여 부모를 안장한 후 후대에 조선을 창업하게 되었다는 전설이 전해진다.

### (7) 조선 창업의 전설

목조(1251~1274)는 고려 문신, 조선 시대 추존왕이자 익조(翼祖)의 아버지이며 태조 이성계의 고조부이다. 전주에 살다가 강원도 삼척으로 이주하였고 전라북도 전주에서 대장군을 지낸 이양무와 삼척에 사는 평창 이씨 이강제 딸의 아들로 태어났다. 목조 이안사는 삼척 이주 후 아버지가 돌아가셨다. 아버지의 묘자리를 찾다가 한 도승이 "이곳이 대지(大地)로다"하고 개토제(開土祭) 때 백우금관(百牛金棺) 즉 소 일백 마리를 잡아 제사지내고 관을 금으로 만들어 장사지내면 5대 안에 왕이 출생하는 명당이라고 하였다. 여기에 백우(百牛)를 백우(白牛)로 하여 목조의 처가에 있는 흰소를 잡아 제사지내고 금관(金棺)은 황금색 귀리 짚으로 관을 쌓아 대신하였다. 나중에 예언대로 이양무의 5대손 이성계가 왕이 되어 조선을 건국하였다.

＊조선 추존왕

목조, 익조, 도조, 환조 -- 태조(이성계)

(7) 황영조기념관

소재지는 삼척시 근덕면 초곡리(황영조 출생지).

1992년 스페인 바로셀로나 몬주익올림픽 마라톤 금메달리스트이며 1970년 3월 22일 출생. 2012년은 금메달 획득 20주년이며, 황영조기념관은 1999년에 건립되었다. 손기정 이후 58년 만에 마라톤 금메달을 획득했다.

바로셀로나 주경기장 서쪽의 급경사 난코스 '몬주익 언덕'에서 마지막 스퍼트를 하여 2위 일본선수 모리시타 고이치를 먼 거리로 따돌리고 1위로 골인한 후 쓰러진 일화가 전해지고 있다. '몬주익의 영웅'이라고 불린다.

〈2012. 10. 26〉

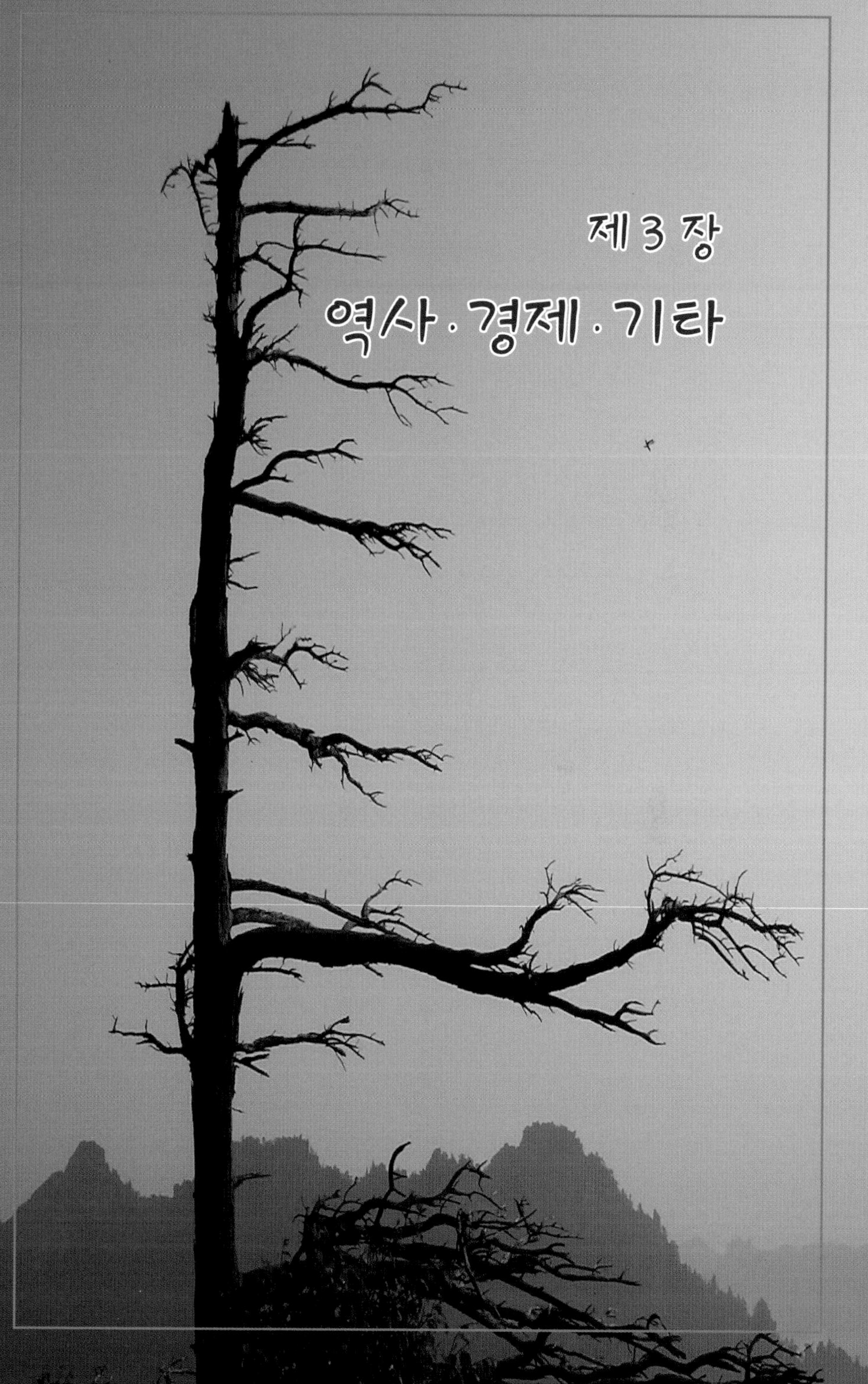

# 제 3 장

# 역사 · 경제 · 기타

## 아웅산 테러와 연합뉴스 최금영(崔琴煐) 사진부장

아웅산 테러는 1983년 10월 9일 미얀마 양곤시 아웅산 국립묘지에서 북한 김정일의 지시로 자행되었다. 전두환 대통령을 수행한 공식 및 비공식 수행원 17명이 사망하고 14명이 중경상을 입은 사건이다. 아웅산 국립묘지는 미얀마의 독립영웅이자 야당 지도자 아웅산 수치의 아버지인 아웅산과 그의 동료를 추모하는 미얀마 국민에게 성스러운 곳이다. 한 국가의 국빈 방문단 전체를 향한 폭탄 테러는 세계 역사에 유래를 찾기 힘든 사건이다.

1983년 9월, 개성 주둔 북한 정찰국의 강창수 소장이 부대원 3명(진 모 소좌, 강민철 · 김치오 상위)을 소집했다. 북한군 총참모장을 지낸 강건의 아들인 강은 "미얀마를 방문하는 한국 대통령 일행을 타격하라"고 명령했다. 1983년 9월 9일 화물선으로 위장한 동건호가 이들 공격조를 태우고 황해도 옹진항을 출발, 9월 22일쯤 미얀마 양곤시 부근에 도착했다. 공격조는 북한 대사관 전창휘 참사관 집에 은거했다. 이틀 뒤에 이들 앞으로 폭탄이 전달됐다.

공격조는 1983년 10월 7일 새벽 2시쯤 경비도 없는 아웅산 묘소에 들어섰다. 이틀 뒤 이곳에서 전두환 대통령 일행이 참배할 예정이었다. 공격조는 묘소 지붕에 클레모어형 TNT 폭탄 2개와 증거 인멸용 소이탄 1개를 장착하고 인근 숲에 숨어 기다렸다. 10월 9일 오전 서석준 부총리를 필두로 한 수행단이 묘소에 먼저 와 도열한 채 대통령을 기다리고 있었다. 10시 26분쯤 이계철 주 미얀마 대사를 태운 차가 대통령보다 약간 앞서 묘소에 도착했다. 이 대사 차엔 태극기가 달려 있었고 경찰 오토바이가 호위하고 있어 멀리서 보면 대통령으로 오인할 수 있었다. 북한 공격조가 오인하여 이 대사가 묘소에 들어서자 10시 28분에 원격조종으로 폭탄을 터뜨렸다.

대통령 도착 전이었지만 연합뉴스 사진부장 최금영은 습관적으로 수행단 사진을 한 컷 찍었다(이 사진은 보도부문 금상을 받음). 몇 초 뒤 엄청난 폭음과 함께 그는 주저앉았다. 자욱한 흙먼지 속에서 '사진을 찍어야 한다'는 생각에 목에 건 카메라를 들어 올리려 했다. 그러나 꼼짝도 할 수 없었다. 열 손가락이 모두 부러졌고 온몸에서 피가 방울져 떨어졌다. 카메라도 파편에 맞아 구멍이 뚫렸다. 최금영은 심장 언저리에 파편이 박혀 그 후 죽을 때까지 고통을 받았다. 최금영은 목에 건 대형 카메라가 목숨을 건져 주었다.

공작조는 북한 배를 타고 탈출할 계획이었다. 하지만 진 모는 10일 밤 강 다리 밑에서 목격됐다. 경찰 투항 요구에 수류탄으로 자폭을 기도, 중상을 입은 채 체포됐다. 걸어가던 다른 두 명 중 김은 사살당하고, 강은 12일 붙잡혔으나 역시 수류탄으로 자폭을 시도했다. 경찰관 3명이 숨지고 강 자신도 한쪽 팔을 잃은 채 체포됐다. 미얀마는 1985년 4월 진 모에 대한 사형을 집행했다. 범행을 모두 자백한 강민철은 면회가 허용돼 찾아온 한국대사관 직원에게 "북한이 나를 여기 버려두고 모른 체 한다"고 배신감을 털어 놓았다. 국정원은 그를 서울로 데려오려 했지만 김대중 정부 햇볕정책에 나쁜 영향을 준다고 해서 포기했다고 한다. 강민철은 남북 어디도 못 가고 2008년 간암으로 죽었다. 북한과 친했던 미얀마정부는 수사결과를 발표하면서 북한과 외교관계를 끊었다. 69개국이 북한을 비난하고 제재에 나섰다.

최금영 사진부장은 국내로 후송되어 서울 을지로6가에 소재한 국립의료원에 약 1년간 입원해 있었다. 입원해 있는 동안 가까운 친척이기 때문에 문병을 갔으나 병실을 들어서는 순간 깜짝 놀랐다. 그 당시 40대 후반으로 생각했는데 60대 노인처럼 보였고 온몸은 머리부터 발끝까지 하얀 붕대로 감겨 있고 두 다리는 천장에서 내려 온 두 줄에 묶여 있었다. 너무 처참한 광경이었다. 병실에는 난(蘭) 화분이 한 개 놓여 있고 화분에는 대통령 전두환이라고 쓴 리본이 있었다.

그 후 이듬해 최 부장의 장녀 결혼식이 종암경찰서 뒤 종암중앙교회에서 거행되었다. 최 부장은 입원 중이어서 가퇴원으로 한 손은 딸의 팔을 잡고 한 손은 목발을 짚으며 웨딩마치에 입장을 하는데 내 눈에서 눈물이 흘렀다. 그 후 서울 공평동에 있는 내 회사에서 가까이 있는 연합뉴스의 최 부장을 점심시간에 거리에서 우연히 만났는데 여름 삼복 더위에 긴팔의 상의를 보고 가슴이 아팠다. 그 후 사무실로 찾아가 나의 저서 2권을 선물로 드렸다. 나중에 국장으로 승진하고 곧 퇴직했다. 출판업을 한다고 들었으나 사업이 여의치 않은 것으로 들었다. 아웅산 테러 발생 후 꼭 20년 만인 그날에 68세(1935. 6. 23~2003. 10. 9)로 별세했다(2003. 10. 9). 국가에서는 그 동안 아무런 보상도 받지 못했다고 한다. 성격은 온화한 분이고 광주고등학교와 중앙대학교 사진학과를 졸업하고 조선일보 사진부장과 동아일보 사진부장, 연합뉴스 사진부장 · 국장을 역임했다. 고인의 명복을 빈다.

'아웅산 순국 사절 추모비' 건립이 추진되고 있다. 아웅산 순국 사절 추모비 민관 건립위원회(위원장 권철현)는 오는 12월 20일쯤 추모비준공식을 개최하기로 했다. 위원회가 확정한 설계안에 따르면 추모비는 높이 1.5미터, 두께 1미터로 미얀마 정부가 제공한 아웅산 국립묘지 내 경호동 인근부지(260㎡)에 들어선다. 30년 전 테러현장에서 불과 50미터 거리다.

〈2013. 10. 9(아웅산 테러 30주년)〉

# 고려 명종(明宗)과 이규보(李奎報)

(1) 고려 명종(明宗 1131~1202)

명종은 고려 제19대 임금(재위 : 1170~1197년)이다. 인종과 공예태후(恭睿太后) 민씨(閔氏)의 셋째 아들이며 의종의 동생이다.

1170년에 무신정변으로 의종이 폐위되고 무신들에게 추대되어 즉위하였다. 왕비는 의정왕후 김씨(義靜王后 金氏)이다. 이후 무신 정권 집권자들을 서로 견제하게 만들고 왕족들의 단합을 이끌어 내어 무신들의 손아귀로부터 부단히 왕실을 지키기 위해 노력하게 된다.

1173년에 동북면병마사(東北面兵馬使) 김보당이 무신 정권 타도와 전(前) 임금인 의종의 복위를 천명하며 일으켰으나, 무신 정권에 의하여 진압되고 의종은 시해되었다.

1179년 정중부의 전횡을 탐탁지 않게 여긴 경대승이 정변을 일으켜 정중부를 죽이고 정권을 장악하였다.

경대승이 죽자, 명종은 경주로 달아난 이의민을 불러들였다. 이의민은 새로운 무신 권력자가 되어 자신의 아들들을 모두 요직에 앉히고 부정부패를 일삼아 갖은 횡포를 부리다가, 나중에 가서는 스스로 임금이 되려는 야심까지 품게 된다.

1196년 4월 최충헌이 이의민을 참살하고 정권을 장악하여 최씨 정권 시대가 열리게 된다. 이때 최충헌은 거사의 명분을 얻기 위하여 앞으로의 국정개혁안의 내용을 담은 봉사십조(封事十條)를 올리고 명종은 이를 기꺼이 받아들인다.

그러나 1197년에 최충헌 형제의 정변으로 폐위를 당하고 창락궁(昌樂宮)에 유폐된 지 6년 후에 병을 얻어 죽는다.

### (2) 이규보(李奎報, 1168~1241)

고려 시대의 문신, 문인이며 명문장가로 그가 지은 시풍(詩風)은 당대를 풍미했으며 '동방의 시호(詩豪)'로 불린다.

본관 황려(黃驪), 자 춘경(春卿), 호 백운거사(白雲居士), 지헌(止軒), 삼혹호 선생(三酷好先生), 시호 문순(文順)이며 1189년(명종 19년) 사마시(司馬試), 이듬해 문과에 급제하였고 1199년(신종2) 전주사록(全州司錄)이 되고 1202년(신종 5년) 병마녹사 겸 수제(兵馬錄事兼修製)가 되었다.

1207년(희종 3년) 최충헌(崔忠獻)에 의해 권보직한림(權補直翰林)으로 발탁되고 참군사(參軍事), 사재승(司宰丞), 우정언(右正言)을 거쳐 1219년(고종 6년) 좌사간(左司諫)으로서 지방관의 죄를 묵인하여 계양도호부부사(桂陽都護府副使)로 좌천되었다.

1220년(고종 7년) 예부낭중(禮部郎中), 한림시강학사(翰林侍講學士)를 거쳐 1230년 우위시판사(衛尉侍判事)가 되었으나,

팔관회(八關會) 행사에 잘못을 저질러 한때 위도(蝟島)에 유배되었으며 1232년(고종 19년) 비서성판사(秘書省判事)에 승진하고, 이듬해 집현전대학사(集賢殿大學士), 정당문학(政堂文學), 참지정사(參知政事), 태자소부(太子少傅) 등을 거쳐 1237년(고종 24년) 문하시랑평장사(門下侍郎平章事), 감수국사(監修國事), 태자대보(太子大保)로 벼슬에서 물러났다.

호탕 활달한 시풍(詩風)은 당대를 풍미했으며, 특히 벼슬에 임명될 때마다 그 감상을 읊은 즉흥시는 유명하다. 몽골군의 침입을 진정표(陳情表)로써 격퇴한 명문장가였다. 시, 술, 거문고를 즐겨 삼혹호 선생이라 지칭했으며, 만년에 불교에 귀의했다.

저서에 동국이상국집(東國李相國集), 백운소설(白雲小說), 국선생전(麴先生傳) 등이 있으며, 작품으로 시(詩)에 천마산시(天摩山詩), 모중서회(慕中書懷), 고시십팔운(古詩十八韻), 초입한림시(初入翰林詩), 공작(孔雀), 재입옥당시(再入玉堂詩), 초배정언시(初拜正言詩) 동명왕편(東明王篇), 문(文)에 모정기(茅亭記), 대장경각판군신기고문(大藏經刻板君臣祈告文) 등이 있다.

*고려 명종이 미복 잠행을 할 때 이규보의 집 대문에 붙어 있는 "有我無蛙 人生之恨"의 글을 읽고 임시과거에 이 문제를 출제하여 이규보가 장원급제를 하였다는 고사가 있다.

〈2008. 7. 20〉

# 렘브란트와 신약성경의 시므온

렘브란트 반 레인(Rembrandt van Rijn 1606~1669)은 네델란드의 세계적인 화가이다. 렘브란트의 그림 중 '성전에 아기 예수를 봉헌하다(The Presentation of Jesus in the Temple 1627, 1631, 1640)' 에서 1631년 작품은 개별 행위와 집단적인 행동이 서로 상승효과를 발휘한다.

루가복음 2 : 22-38에는 예수를 직접 보기 전에는 죽지 않으리라는 계시를 받은 시므온(Simeon) 노인에 대한 이야기가 나온다. 노인은 기대에 차서 성전에 계속 머물렀다. 마리아와 요셉이 율법이 지시하는 관례에 따라 첫 아들을 성전에 바치려고 왔을 때 시므온은 그 아이가 누구인지 알아보았고, 품에 안고 자기가 받은 계시의 말을 읊었다.

"주여, 이제는 말씀하신 대로 이 종은 평안히 눈감게 되었습니다. 주님의 구원을 제 눈으로 보았습니다. 렘브란트는 화면을 널찍하게 사용해, 사건의 절정인 기적이 일어난 순간을 그렸다. 그림의 중앙에 그려진 인물들은 이 사건과 직접 관련된 사람들로, 무릎 꿇은 부모, 한 손을 들고 있는 여자 예언자 안나(Anna)다. 배경에는 이들과 대조적으로 넓은 성전 전체에 흩어져 짝을 짓거나 무리를 지어 오가는 많은 사람들이 있다. 그들 중 몇몇은 이 사건에 무관심하지만, 오른쪽의 의자에 앉아 있는 대제사장 주위에 모인 군중은 멀리서 이 사건에 관심을 보인다. 안나의 손 바로 아래쪽으로 얼굴을 보인 뒤쪽의 인물, 높은 모자를 쓰고 다가오고 있는 남자, 부모 곁에 서 있는 남자, 무릎 꿇은 시므온의 어깨 너머로 굽어보고 있는 남자가 그들이다.

이들은 배경이 된 성전의 부산스러운 일상의 모습에서 중심장면으로 진행되는 과정을 설정하는 데 기여함으로써 주제를 이루는 사건의 특이성을 강조한다. 시므온의 말을 읊는 순간이 사건의 절정이라는 것은 명백하다. 여기서 절정을 이루는 장면은 기도 형식으로 된 대화다. 하지만 외적 행동의 효과가 여전히 우세하며, 조용히 지속하는 몸짓의 효과는 거의 없다. 이 작품에서는 사건이 주로 외적인 사건으로 구성되어 있다.

〈2010. 2. 10〉

## 청각장애자 김기창 화백 '기죽지 말라'

김기창 화백은 어릴 때 장티푸스를 앓아 청력을 잃은 후, 천성 청각장애였다. 학교에 들어갔지만 들을 수 없어서 공부를 할 수 없었다. 그러다가 교과서 흰 여백에 연필로 여기저기 그림을 그리기 시작했다. 어린 아들이 듣지 못하게 된 것을 가장 마음 아프게 생각한 사람이 어머니였다. 어머니는 어린 아들을 품에 안고 아들의 손바닥에 이렇게 써 주었다.

"비록 들을 수는 없지만 기죽지 말고 살거라."

얼마 후에 그림 공부를 할 기회가 왔을 때 용기를 북돋워주시던 어머니가 심장마비로 세상을 떠났다. 이 소년은 외할머니의 품에서 외롭게 자라면서 '기죽지 말고 살라'는 어머니의 말씀을 마음에 새겼다. 그리고 용기를 잃지 않고 열심히 그림 공부를 하여 우리나라를 대표하는 훌륭한 화가가 되었다. 이분이 바로 산수화의 대가인 윤보 김기창 화백이다.

* 김기창(1913~2001)
7세 때 장티푸스로 청각상실, 언어 장애
이당(以堂) 김은호 화백에게 사사

1931-2001  조선미술대전 입선 6회, 특선 3회
광복 후 국전 초대작가, 국전 심사 위원
홍익대학교 교수, 수도여자사범대학 교수
세종대 명예문학박사
금관문화훈장

〈2009. 7. 28〉

# 한국의 가까운 미래

- 자크 아탈리(Jacques Attali)
1943년생, 소르본 대학 경제학박사
전 프랑스 대통령 특별보좌관(1981~1989)
전 유럽부흥개발은행(EBRD) 총재(1990~1993)
저술 40여 권

## (1) 한국의 취약점

① 과거에 한국은 제조업보다 농업에 종사해 왔다. 관료계급의 권력화.

② 한국은 오랫동안 해양산업을 소홀히 했다. 외부세계로의 개방이 늦어졌다.

③ 한국은 상당히 오랜 기간 동안 자력으로 '창조적 계급'을 키우거나 외부로부터 이들을 받아들이는 데 실패했다. 선원, 엔지니어, 기업창업가, 상인, 제조업자를 길러내지 못했으며, 외국으로부터 과학자, 은행가, 기업가를 끌어들이지 못했다. 한국은 위험 부담을 줄이려는 이론가나 관리계급을 키워 냈다.

④ 북한과의 관계 해결.

⑤ 한국 사회의 큰 걱정거리는 사회적 불평등의 가속화다.

(2) 인구 감소를 막기 위한 개혁

① 가족정책의 개혁

여성의 출산휴가 보장, 출산 후 안정적인 직장 생활.

② 교육정책의 개혁

한국 교육은 지나친 경쟁과 비용 유발, 출산을 저해하는 걸림돌임. GDP 3%를 사교육비로 지출하여 세계에서 가장 높은 비율, 성과는 미미함.

③ 이민정책의 개혁

외국의 재능 있는 인재들에게 국경을 개방해야 한다.

'미래의 물결(자크 아탈리 지음 2007)' p378-385

요약 편집: 최 춘 기

〈2011. 4. 29〉

## 모든 것은 지나간다(Everything is passing away)

모든 것은 지나간다.
일출의 장엄함이 아침 내내 계속되지 않으며
비가 영원히 내리지도 않는다.
모든 것은 지나간다.
일몰의 아름다움이 한밤중까지 이어지지도 않는다.
하지만 땅과 하늘과 천둥,
바람과 불,
호수와 산과 물,
이런 것들은 언제나 존재한다.

만일 그것들마저 사라진다면
인간의 꿈이 계속될 수 있을까.
인간의 환상이.

당신이 살아 있는 동안
당신에게 일어나는 일들을 받아들이라.
모든 것은 지나가 버린다.

- 세실 프란시스 알렉산더

＊"모든 것은 지나간다"는 말은 이스라엘 왕 솔로몬이 한 말이다. 인생에 슬픈 일이 있으면 용기를 잃지 않게 하고, 좋은 일이 있을 때는 교만하지 않고 겸손하게 하는 명언이다.

＊"이 세상의 외형은 지나감이니라."(신약성경 고린도전서 7장 31절) (For this world in its present form is passing away.)

말세에 성도가 취해야 할 근신의 자세를 보여주고 있다. 희로애락의 감정을 초연해야 한다.

〈편집 해설 : 최춘기〉

# 로마제국 멸망의 원인--기독교의 대두(1/5)

* Edward Gibbon, The History of the Decline and Fall of the Roman Empire, 1776-88.

* Eric R. Dodds, Pagan and Christian in an Age of Anxiety, 1965.

## (1) 두 명의 로마사 권위자(영국인)

기번- 기독교 대두의 다섯 가지 요인

① 단호하게 일신교를 관철한 것.

② 영혼불멸로 상징되는 미래의 삶을 보장하는 교리를 세운 것.

③ 초기 기독교회 지도자들이 일으켰다는 수많은 기적.

④ 기독교에 귀의한 사람들이 순수하고 금욕적인 생활방식.

⑤ 규율과 단결을 특징으로 하는 기독교는 공동체가 독립된 사회를 구성하였고, 기독교도 사회가 로마 제국 안에서 국가 속의 국가가 된 것.

(2) 도즈 교수-같은 주제 네 가지

① 기독교 자체가 가진 절대적인 배타성.

② 기독교는 누구한테나 열려 있었다는 점.

③ 사람들에게 희망을 주는 데 성공했다는 점.

④ 기독교에 귀의하는 것이 현실 생활에서도 이익을 가져다 준 점

공동체의 성격 - 사고방식, 생활방식.

같은 신도가 불행한 처지에 빠지면 물질적인 도움, 상부상조

생활이 어려운 과부를 돕고, 고아를 맡아서 돌보고, 노인과 실업자, 사회에서 탈락한 자들에게 손을 내밀었다. 가난한 사람을 위해 장례식을 치러 주고, 전염병이 퍼지면 병원 역할까지 하였다.

(3) 두 사람의 견해 공통점

기번 ① -- ① 도즈
② -- ③
⑤ -- ④

기독교가 승리한 요인은 실제로는 로마가 약해지고 피폐했기 때문이다. 로마 제국은 활력을 유지하는데 가장 중요한 요소인 자신감과 자긍심마저 잃어버렸다.

기독교의 신은 인간에게 살아갈 길을 지시하는 신이다. 반면에 로마의 신들은 살아갈 길을 스스로 찾아내는 인간을 도와

주는 존재다. 이 차이가 자신의 생활방식에 대해 확신을 잃어가고 있는 시대에 태어난 사람에게는 커다란 의미를 갖게 되었다.

＊로마인 이야기 12권 "위기로 치닫는 제국"(시오노 나나미 저) 제3장 로마제국과 기독교 p392-425 참조

## 로마제국의 위기를 초래한 요인

(1) 제국 지도자층의 질적 수준 저하
(2) 야만족의 침입 격화
(3) 경제력 쇠퇴
(4) 지식인 계급의 지적 능력 감퇴
(5) 기독교의 대두

이것들은 후세의 역사가나 연구자가 대부분 위기를 초래한 요인으로 열거하고 있다. 기독교의 대두를 제외하면 나머지는 모두 어느 정도 경험한 위기였다. 지금까지는 극복할 수 있었던 위기를 3세기부터는 왜 극복하지 못하게 되었을까. 가장 큰 원인은 '정국 불안정'이었다.(기원전 30년~서기 284년)

로마 황제 발레리아누스가 페르시아 왕 샤푸르 1세에 포로가 되는 전대미문의 사건이 발생했다. 이 소식에 로마 제국 백성들은 충격을 받고 망연자실했다. 이 사건이 로마인에게 정신적인 면에서 큰 타격을 주었다. 그전에 로마 황제 고르디아누스 2세, 데키우스가 전사한 경우는 있었다. 극복할 수 있었던 위기와 시종일관 대처에 쫓길 수밖에 없었던 위기의 차이라고 말할 수밖에 없다. 로마인 본래의 사고나 방식으로 위기를 극복할 수 있었던 시대와 눈앞의 위기에 대처하려고 급급한 나머지 자신들의 본질까지 바꾼 결과 심각한 위기에 빠졌다고 본다. 로마제국의 위기는 후자의 위기로 돌입하게 된다.

1세기 황제 - 128년간 황제 9명+a 암살 3명(기원전 30년~서기 98년)

2세기 황제 - 113년간 황제 6명+a 암살 1명(서기 98년~211년)

3세기 황제 - 73년간 황제 22명 암살 14명, 전사 2명, 포로-옥사 1명(서기 211년~284년)

- 행복한 가정은 모두 엇비슷하지만, 불행한 가정은 저마다 다른 불행을 안고 있다(톨스토이 소설 '안나 카레니나').

이 말을 역사에 적용하면 "융성의 시대는 어느 민족이나 비슷하지만, 쇠퇴기에 접어들면 저마다 다른 양상을 띠게 된다."

'로마인 이야기' 제1권 - 제5권 융성기<br>
제6권 - 제10권 안정기<br>
제11권 - 제15권 '로마 제국 쇠망사'

시오노 나나미

- 1937년 일본 도쿄 출생
- 가쿠슈인 대학 철학과 졸업
- 1964년 이탈리아 이주
- 2002년 이탈리아 국가훈장인 국가공로상
- 2007년 일본 정부 문화공로자
- 작품- '르네상스의 여인들', '체사레 보르자 혹은 우아한

냉혹' (1970년 마이니치 출판문화상), '바다의 도시 이야기' (1982년 산토리 학예상), '나의 친구 마키아벨리' (1988년 여류문학상) '신의 대리인', '르네상스를 만든 사람들', '로마인 이야기' (1993년 신조학예상, 1999년 시바 료타로상).

'로마인 이야기' 시리즈는 1992년 제1권 '로마는 하루아침에 이루어지지 않았다'를 시작으로 매년 한 권씩 집필, 2006년 제15권 '로마 세계의 종언'을 끝으로 대장정을 끝냈다. '로마 멸망 이후의 지중해 세계' (상, 하)를 최근에 펴냈다.

에세이 - '침묵하는 소수', '나의 인생은 영화관에서 시작되었다', '사랑의 풍경', '살로메 유모 이야기', '이탈리아에서 온 편지' (1, 2).

최춘기 요약 편집 '로마인 이야기' 제12권 '위기'의 질적 차이에 대하여(p.15-19).

〈2011. 5. 27〉

# 십자군 연표

1099년 제1차 십자군, 예루살렘 '해방'에 성공

1118년 보두앵 1세 죽음. 이때까지 20년간 십자군 국가 확립.

1148년 제2차 십자군, 다마스쿠스를 눈앞에 두고 철수해 실패.

1174년 누레딘이 죽고 살라딘 등장.

1187년 그리스도측 예루살렘 상실.

1190~1192년 제3차 십자군, 당초 목표를 달성하지 못했으므로 실패하기는 했으나--

1204년 제4차 십자군, 예루살렘이 아닌 콘스탄티노플 공략, 함락시킴.

1220년 제5차 십자군, 목표를 이집트로 바꾸었으나 원정 실패.

1229년 제6차 십자군, 예루살렘 수복이라는 목적을 달성하기는 했으나--

1250년 제7차 십자군, 이집트로 원정을 떠났으나 총사령관인 프랑스 왕이 붙잡히는 등 완패.

1270년 제8차 십자군, 프랑스 왕 루이 9세가 다시 십자군 결성, 튀니스에 상륙하고 왕이 사망하자 십자군 해산.

1291년 십자군 최후의 요새 아코 함락. 중근동의 십자군 국가가 최종적으로 소멸.

**'십자군 이야기'** (시오노 나나미 저)

1권에서 제1차 십자군의 결성과 예루살렘 왕국의 성립을, 2권에서 2차 십자군의 결성과 이슬람의 대반격을 다뤘다면, 3권에서는 십자군 국가의 재반격과 전쟁 후 기사단의 운명을 살펴본다.

이슬람의 영웅 살라딘에게 참패당한 십자군 국가는 예루살렘을 잃었다는 충격적인 소식에 3차 원정대를 꾸린다. 신성로마제국, 영국, 프랑스로 구성된 원정대는 이슬람에 맞서 항구도시를 되찾고 협상을 통해 기독교와 이슬람교가 공존하는 예루살렘을 만든다.

기독교와 이슬람교의 격돌로 약 200년에 달하는 인류 역사상 가장 오랜 전쟁을 재현했다.

## 교황과 콘클라베

### (1) 초대 교황 성 베드로(Saint Peter~67)

그리스도의 직제자 12인의 한 사람이며 지도자. 그리스도 자신이 그에게 교회를 이끌어 가도록 명하심에 의하여 초대 교황이 되었다.

### (2) 최단명 재위 교황

① 비오 3세(Pius III, 1503, 215대)

이탈리아 출생. 필렌쓰에서 르네상스가 꽃피고 다빈치가 활약할 무렵의 교황. 통풍 때문에 재위 1개월에 서거.

② 요한 바오로 1세(John Paul I, 1978, 263대)

이탈리아 출생. 복합 이름으로 불리운 최초의 교황. 재위 불과 33일이었으나 '미소의 교황'이라고 불리었다.

### (3) 최고령 교황

① 클레멘스 12세(Clemens XII, 1730~1740, 246대)

이탈리아 출생. 79세에 교황 선출(현재 최고령 기록).

즉위 후에 실명했으며 인도의 선교에 유력한 원조를 행했다. 부르본가와 적대 관계가 생겨, 정치권력과 명성은 흐려지다.

② 베네딕토 16세(Benedictus XVI, 2005~2013, 265대)

독일 출생. 78세에 교황 선출. 본명은 요세프 알로이스 라칭거(Joseph Alois Ratzinger)이다.

극적인 카리스마는 없지만 명석하고 신념이 강한 학자이며 유능한 행정가이자, 7개의 명예박사 학위와 모국어인 독일어를 비롯하여 10개 국어에 능통하다. 2013년 2월 28일 자진 사임했다.

③ 프란치스코(Francisco, 1936-266대)

2013. 3. 19 교황 취임미사. 아르헨 출생으로 본명은 호르헤 마리오 베르고글리오, 아르헨티나 부에노스아이레스 대주교, 추기경(76세). 이탈리아어, 스페인어, 라틴어, 독일어 등 4개국어를 유창하게 구사하며 부에노스아이레스대 화학 석사학위, 산미겔 산호세대 철학학위 취득했다. 산타페, 부에노스아이레스 등에서 문학, 심리학 강의. 10대 때 폐 한쪽을 절단해 건강이 우려된다.

### (4) 콘클라베

콘클라베는 새 교황을 선출하는 추기경들의 비밀 모임이다. 그 말은 '열쇠를 가지고' 라는 뜻을 가진 라틴어 두 단어에서 나왔는데 '콘(con)' 은 with, '클라베(clave)' 는 key의 뜻이다(열

쇠가 있어야 들어갈 수 있는, 문을 걸어 잠그고 내밀하게 만난다는 의미). 투표기간 중에 추기경들을 가두어 두는 관습을 말한다. 1996년 요한 바오로 2세(John Paul II, 1978~2005, 264대)가 정한 규칙에 따르면 교황은 3분의 2 득표로 선출된다. 그러나 약 12일간 투표를 30번 한 후에도 교황이 선출되지 않으면 추기경들의 다수결로 교황을 뽑을 수 있다는 규정도 있다.

추기경은 직전 투표에서 최다 득표를 한 두 명을 대상으로 다수결로 정할 수도 있다.

① 흰 연기

콘클라베 때는 한 번 투표가 끝날 때마다 시스티나 성당 꼭대기에 있는 굴뚝으로 연기를 내보낸다. 1550년 이전에는 시스티나 성당 내에서 투표용지에 불을 붙여 '포쿠네(focune)'에서 태웠다. 그러나 예술 애호가인 교황 율리오 3세(Iulius III, 1550~1555, 221대)는 그 연기가 프레스코화를 훼손하지 않을까 염려해서 굴뚝 안에 스토브를 설치하도록 했다. 검은 연기는 교황이 선출되지 않았다는 뜻이고 흰 연기는 새 교황이 선출되었다는 뜻이다. 원하는 색을 내기 위해 특수 화학물질을 사용한다. 그러나 1978년에는 회색 연기가 나와서 사람들이 어리둥절해 했다.

# 일본 기업 덴쓰의 성공 10법칙

(Dentsu's 10 Working Guidelines)

세계 1위 일본의 광고기업 덴쓰의 103년 성공 신화

① 일을 창조하라.

일은 스스로 창조하는 것이지 누가 시켜서 하는 것이 아니다.

② 일을 추진하라.

일은 앞서서 추진해 나가는 것이지 수동적으로 받는 것이 아니다.

③ 큰일을 하라.

큰일을 잡아라. 작은 일은 자신을 작게 만든다.

④ 어려운 일을 하라.

어려운 일을 노려라. 그것으로 당신은 발전한다.

⑤ 포기하지 마라.

일을 시작하면 포기하지 마라.

⑥ 동료를 이끌어라.

이끄는 것과 끌려다니는 것은 하늘과 땅 차이이다.

⑦ 목표를 세워라.

목적의식을 가진 노력은 다르다.

⑧ 자신감을 가져라.

일을 할 때 자신감이 없으면 박력도 끈기도 깊이도 없어진다.

⑨ 항상 생각하라.

두뇌는 항상 풀 회전 시켜라. 1분이라도 틈을 만들지 마라.

⑩ 마찰을 두려워 마라.

마찰은 앞으로 나아갈 수 있는 힘이 된다.

* 덴쓰의 성공 10법칙은 인재를 창조하는 요시다 히데오(덴쓰의 4대 사장)의 경영 철학이다. 히데오 사장은 덴쓰를 지금의 규모로 발전시킨 장본인이다. 그는 일본 민영 TV 방송을 탄생시킨 인물이기도 하다.

덴쓰의 성공 10법칙은 1970년대부터 해외에서도 유명해져 영역판을 원하는 곳이 많았다. 1976년에는 미국의 제너럴 일렉트릭(GE)사가 회사에 일어판을 걸어 놓았다.

- 우에다 마사야 지음 "덴쓰의 성공 10법칙"

# 승리하는 팀의 조건

[SUCCESS] 잭 웰치 부부가 말한다 '승리하는 팀의 조건'

How to Build a Winning Team JACK and SUZY WELCH (Newsweek 한국어판 2011. 7. 20. p38-39)

우리 부부처럼 사업의 성공비결을 주제로 순회강연을 다니다 보면 이런 얘기를 자주 듣는다. '경쟁 전략' '와해성 기술' '자원 할당' '자산 운용' 등 말이다. 흥미롭지만 약간은 요점에서 벗어난 개념들이다. 모든 점을 고려할 때 하나의 팀이 승리하는 이유는 대략 두 가지로 요약된다. 뭐니뭐니해도 최고의 선수들을 확보했고 '전체를 부분의 합보다 더 크게 만드는' 방법을 아는 코치를 뒀다는 사실이다.

간단하면서도 복잡한 일이다. 사람들이 그 말을 들으면 대개 "누가 그걸 모르나?"라고 투덜거리기 때문에 간단하다는 뜻이다. 뛰어난 선수와 뛰어난 코치가 결합하면 뛰어난 실적을 낸다는 말에 이의를 달 사람은 없다.

그렇다면 왜 복잡할까? 실제로 그렇게 하기가 너무도 어렵기 때문이다. 주의가 산만해진다. 이 사회가 시연을 원하고 고객이 성가신 반응을 보인다. 아니면 우리 스스로 기가 죽어 움츠러들거나 지쳐서 나동그라진다. 아무튼 무언가가 매우 중요한 사실을 잊게 한다. 승리란 함께 일하는 사람들을 이끄는 일이라는 것 말이다. 특히 다음 네 가지의 구체적인 방식으로 팀을 이끌어야 승리한다.

첫째, 승리하는 팀의 리더는 '언제나' 팀원 각자에게 자신이 조직에서 어떤 평가를 받는지 정확히 알려준다.

"아주 잘했어, 샐리!" 또는 "톰, 열심히 해줘서 고마워!"라는 겉치레 평가를 말하는 게 아니다. 팀원 스스로 자기가 없으면 조직이 고통으로 몸부림을 칠 정도로 출중한 자원인지 정확히 알려줘야 한다. 아니면 팀원 스스로 무능력을 인정하도록 해서 다른 일자리를 찾아가도록 해줘야 한다.

팀원 개인을 지속적으로 평가하는 습관은 놀라울 정도(적어도 우리에겐 그렇다)로 찾아보기 어렵다. 물론 리더는 늘 팀원을 평가한다. 하지만 그 평가를 팀원 자신에게 정확히 전달하는 경우는 극히 드물다. 그런 침묵 속에서 탁월한 인재들은 심적이든 물질적이든 아니면 둘 다든 불만이 쌓여 더 인정받을 만한 곳으로 떠나 버린다. 아울러 믿음직해야 할 중간층은 지침이 없어 헤매며, 능력이 부족한 팀원 때문에 일 부담이 늘어나지만 위에서 나 몰라라 하니 미칠 지경이다.

그와 달리 승리하는 팀에서는 리더가 많은 시간을 할애해 최고 실적을 내는 팀원에게 많은 사랑을 베푼다. 그렇다, 사랑이다. 모든 기여에 승진이나 기여로 봉사하고, 자신감을 북돋워 더 큰 도전에 맞설 용기를 갖도록 하며, 다른 팀원의 역할 모델로 그들을 떠받쳐준다. 마찬가지로 승리하는 팀의 리더는 중간 수준의 성과를 내는 팀원을 줄기차게 지도 편달하는 데 많은 정력을 쏟는다. 반면 게으름뱅이들은 현실적으로 대한다. 그들에겐 일을 더 잘할 수 있는 직장을 찾아보도록 이력서 작성을 도와주는 정도의 시간만 할애한다.

불행히도 대다수 조직에서 책임자는 가장 실적이 좋지 않은 팀원들 때문에 너무 많은 시간을 빼앗긴다. 그들 때문에 피해를 보는 동료 팀원을 다독이고 그들의 무능함을 감싸안으려고 업무를 재조정한다. 아울러 일을 못하는 팀원에게 그런 사실을 어떻게 기분 상하지 않게 알릴지 고심하는 데도 많은 시간을 낭비한다. 그러면 상황은 더 나빠질 뿐이다. 그들에게 조직을 떠날 필요가 있으며, 경기 침체기에 직장을 구하는 상황이 오기 전에 미리 서둘러야 한다는 사실을 주지시켜야 한다. 이는 그들을 불쾌하게 만드는 게 아니라 오히려 호의를 베푸는 일이다. 미국의 경기 침체가 한창이던 2008년과 2009년 첫 감원대상이 누구였나? 그렇다. 수년 전에 새 직장을 찾아 나섰어야 했을 사람이 대부분이었다.

둘째, 승리하는 팀은 사전에 확실한 전략을 세운다.

수퍼보울에서 경기가 풀려 가는 상황을 보면서 어찌 해보겠다는 생각으로 경기장에 나서는 팀이 우승한 적은 한 번도 없다. 업계에서도 경쟁사의 의도와 경쟁 방식을 정확히 모르면 절대로 이기지 못한다. 자신이 어떻게 생각해야 할지, 어떻게 하면 더 잘 싸울지 알아야 승리한다. 아울러 승리가 삶을 실제적인 측면에서 훨씬 낫게 해준다는 사실을 믿지 않은 팀이 우승한 적도 없다.

오해하지 마시라. 우리는 '전략 기획(strategic planning)'의 팬이 아니다. 전략 기획은 경영대학원에서 흔히 가르치며, 너무도 많은 회사가 실천하지만 우리는 기획실이나 컨설턴트가 만든 장문의 전략보고서, 특히 파워포인트 슬라이드를 보면 솔직히 겁난다. 그들은 아무도 못하는 식으로 미래를 예측한다고 주장한다. 그 보고서를 만드는 비용도 터무니없이 많이 든다.

그러나 요즘처럼 세계화된 시장에서 전략이란 일반적인 방향을 선택해 필사적으로 진행해야 할 뿐이다. 승리하는 팀은 그런 방식을 택한다.

여기에도 문제가 있다. 대다수 리더는 전략을 감상적이고 모호하게 설명한다.

"시장점유율을 높여야 한다. 애크미 유제츠를 눌러야 한다는 뜻이다. 모두의 할당량이 두 배가 된다. 또 모두가 새로운 사람에게 보고하도록 조직을 개편할 계획이다. 변화는 어렵지만 반드시 필요하다. 힘내자."

준비, 앞으로--. 도대체 무엇을 향해 '앞으로'라는 말인가?

반면 승리하는 팀의 리더는 승리로 인해 회사가, 그리고 더 중요하게는(하지만 종종 잊는다) 팀원 개인이 무슨 혜택을 얻게 될지 상세히 설명해 팀원 각자에게 지나칠 정도로 긍정적인 열의를 불어 넣는다.

"자 현 상황을 봐라. 애크미가 우리를 죽인다. 그들의 적시 배달은 우리가 마치 말과 마차를 몰고 다니듯 보이게 한다. 하지만 매일매일 효율성을 높이는 더 나은 아이디어를 생각해 내 그들을 이겨야 한다. 그렇게 되면 여러분의 삶이 달라진다. 모든 게 더 나아진다. 우리 회사가 다시 성장하게 된다. 여러분은 더 안정된 직장을 갖게 되고 발전할 기회가 생긴다. 비록 우리가 앞에 놓인 길고 험한 변화의 고통을 시작하지만 다른 쪽 끝에서 여러분은 더 유능해지고, 더 부유해지며, 여러분의 삶은 더 신나게 된다."

명료성(Clarity), 목표(Direction), 결과(Outcome).

준비, 앞으로, 돌진!

셋째, 승리하는 팀은 정직하다.

좀 더 정확히 말해 모든 승리팀에서는 리더가 솔직하다. 그는 솔직한 팀원을 전원 보상해 주며 솔직하지 않은 사람을 공개적으로 밝힌다. 물론 예외도 있다. 그러나 그런 예외는 시간이 지나면 반드시 역효과를 낸다. 의도와 달리 말하고, 사내 정치를 하며, 자신의 생각을 솔직히 털어놓지 않으면 모든 파일이 헝클어진다. 억울함과 분개가 축적되고 파벌이 생긴다. 그러면 좋은 사람들이 떠나고 일이 제대로 진행되지 않는다.

그와 대조적으로 솔직함은 신뢰를 낳는다. 신뢰가 형성되면 팀원은 더 나은 면을 보이려고 애쓴다. 아이디어를 자유롭게 나눈다. 일이 안 풀려 돌파구가 필요한 동료를 서로 돕는다. 그러면 팀원이 매일 하는 일은 자신이 아닌 집단의 성공에 기여한다. 공로를 인정받지 못하리라고 걱정하지 않는다. 동료가 이렇게 말하리라는 사실을 안다.

"이봐, 내게 고마워 하지마. 케리가 좋은 아이디어를 내서 이 모든 일이 잘 풀릴 거야."

그러면 케리는 이렇게 말한다.

"고마워, 아이디어는 내가 냈지만 실제로 네가 일을 했잖아."

솔직함과 신뢰의 상관관계는 다른 혜택도 가져다준다. 모험이 가능한 환경이 조성된다. 실패하면 비난을 사거나 더 심한 일을 겪게 된다고 생각하면 누구라도 새로운 일에 손대려 하지 않는다. 승리하는 팀의 리더는 팀원이 거대한 도전에 맞서도록 격려하고, 결과가 어떻게 되든 비난받지 않는다고 설득한다. 그리고 그 약속을 지킨다. 그런 환경에서만 사람들이 대담해진다. 대담한 팀만이 승리한다.

넷째, 승리하는 팀은 작은 성공도 반드시 축하한다.

지금까지 한 이야기 중 이만큼 사람들에게 알레르기 반응을 일으키는 일도 없을 듯 하다. 어쩌면 경기 침체와 상관이 있을지 모른다. "모두 허리띠를 졸라매야 할 시기에 어떻게 흥청망청 파티를 할 수 있나?"라는 생각을 말한다. 그러나 사람들은 경제가 곤두박질치기 전에도 자축 파티를 달갑게 여기지 않았다.

대다수의 리더는 목표로 가는 도중의 작은 성공을 축하하는 일과 궁극적으로 큰 성공을 성취하는 일 사이에 긴밀한 상관관계가 있다는 사실을 잘 모른다. 하지만 반박할 여지가 없는 중요한 사실이다. 새로운 고객을 얻었을 때 피자 파티를 하거나, 분기 판매 목표에 도달했을 때 야유회를 가거나, 좋은 일만 생기면 어떤 식으로든 즐겁게 축하하는 팀은 스스로 아주 기분 좋은 동력을 만들어 낸다. 승리의 기쁨이 어떤지 알게 되고(아는 분은 아시겠지만 승리는 실제로 너무도 기분 좋은 일이다!), 더 많은 승리를 원하게 된다. 아무도 그런 멋진 기분이 사라지기를 원치 않는다. 따라서 계속 승리를 목표로 모든 힘을 쏟는다.

사실 마법이라 할 만하다. 다만 수수께끼 같은 부분이 전혀 없다는 점만 다를 뿐이다. 우리가 여기서 열거한 네 가지 격언 하나하나에서 보듯이 승리하는 팀에 관한 유일한 수수께끼는 왜 승리하는 팀이 더 많지 않느냐는 점이다.

＊＊필자인 잭 웰치(1981년부터 20년간 GE회장을 지냈다)와 그의 부인 수지 웰치는 베스트셀러 경영지침서 '위대한 승리(Winning)'의 공동저자이며 공인 온라인 MBA프로그램 '잭 웰치 경영연구소'의 공동설립자다.

## 군자(君子)의 경계할 점 세 가지-논어(論語) 중에서

군자는 경계해야 할 점이 세 가지가 있다. 젊을 때는 혈기(血氣)가 안정되지 못한지라 여색(女色)을 경계해야 하며, 장년에 이르면 혈기가 바야흐로 강한지라 투쟁(鬪爭)을 경계해야 하며, 늙으매 혈기가 이미 쇠한지라 탐욕(貪欲)을 경계해야 한다.(공자)

〈해설〉

군자뿐 아니라 사람이 평생을 통하여 경계해야 할 세 가지의 교훈을 말한 것이다. 소년시 즉 15세에서 20세까지의 젊은 시대는 혈기가 안정되지 못하여 감정에 흐르기 쉬우므로 유혹을 잘 받는다. 유혹 가운데도 가장 경계해야 할 것은 여색(女色)이다. "청년이여 청년의 적은 청년 자신이다"하는 말도 청년의 불안한 혈기가 여란(女難)을 물리치지 못하여 평생을 그르치는 일이 많다는 말이다. 젊음의 적은 여색이라 하여도 지나친 말은 아니다. 장년시, 20세를 넘어서 40세까지는 혈기 왕성하여 자신이 앞서는 때이니, 이 시대는 싸워서 이기는 데서 느끼는 쾌감을 유일한 낙으로 아는 수가 많다. 경험은 충분하지 못하고 사려는 아직 미숙하여도, 만만한 투쟁력으로 안하무인(眼下無人) 격으로 항상 싸우고 싶은 상대를 물색하기에 바쁘다. 경계할 것은 투쟁심이다.

늙으면 혈기가 쇠퇴하여 여색도 투쟁에도 흥미를 잃기 시작할 무렵이다. 머리에 남은 것은 이(利)를 보자는 생각 뿐이다. 이상(理想)은 식어지고, 소시의 포부는 환멸 속에서 사라졌으니 남은 여명(餘命)을 평안케 하려는 욕망이 앞서서 의리도 인정도 오불관언(吾不關焉), 단지 물질에만 눈을 팔게 된다. 소위 노욕(老欲)이라는 것이다. 이 노욕이 설치게 되면, 곁에 있는 젊은 사람이 견디지 못한다. 그러니 늙은이의 최대의 적은 탐욕(貪欲)이다. 이기심을 경계해야 할 것이다.

# 듣는 마음

"게으른 자여, 개미에게로 가서 그 하는 것을 보고 지혜를 얻으라."고 솔로몬은 말한다.

솔로몬의 이런 눈과 귀와 깨닫는 마음은 어디서 온 것일까?

솔로몬은 하나님의 백성을 다스릴 "지혜로운 마음"을 구했고, 그것이 마음에 드신 하나님은 그가 생각한 것보다 넘치게 그 요구를 들어 주셨다.

재미있는 것은, 이 '지혜롭다'라는 말이 히브리어의 '듣는다'라는 단어에서 왔다는 것이다. 문자적으로 솔로몬이 구한 것은 곧 '듣는 마음'이다. 가시덤불이 퍼진 포도원이나 일하는 개미의 모습에서 영혼의 창을 볼 수 있는 마음, 지상 계명에도 똑같은 단어가 사용되었다.

"이스라엘아 '들으라' 우리 하나님 여호와는 오직 하나인 여호와이시니 너는 마음을 다하고 성품을 다하고 힘을 다하여 네 하나님 여호와를 사랑하라."

지혜로운 자가 되는 첫걸음은 하나님을 사랑하는 삶의 첫걸음과 같다. 즉, 그 분이 주신 말씀에 귀 기울이는 것이다.

피조 세계 밑에 생명의 말씀이 있다.

"-- 있으라 하시매 -- 그대로 되니라."

모든 것의 이면에는 하나님의 말씀이 있다. 자세히 들으면 들린다.

제게 듣는 마음을 주소서. 그리하여 제가 읽는 것을 깨닫게 하소서. 또한 겸손한 마음을 주소서. 그리하여 개미에게서도 배우게 하소서. 인생을 더 잘 살아갈 수 있는 방법을---.

-켄 가이어, 〈영혼의 창〉 중에서

## 일본 작가 시오노 나나미(鹽野七生)

일본 출신의 작가, 소설가이다. 이탈리아의 역사와 관련된 다수의 작품을 저술하였다. 1990년대 이전에는 르네상스 시대 이탈리아에 관련된 작품을 주로 집필해 왔고, 1992년부터 2006년까지는 〈로마인 이야기〉를 통해 고대 로마의 역사를 그려내었다. 이름의 나나미(七生)는 칠월 칠석에 태어난 것에서 붙여졌다.

### (1) 생애

시오노 나나미는 1937월 7월 7일 도쿄에서 태어났다. 1963년 가쿠슈인(學習院) 대학교 철학과를 졸업했다. 졸업 후 유럽에 관심을 가지게 되었고, 졸업 직후인 1964년 이탈리아로 건너갔다. 1968년 이탈리아에서 공부하는 동안 어떠한 공식 교육에도 적을 두지 않고 독학으로 르네상스와 로마 역사를 공부했으며, 이탈리아뿐만 아닌 유럽 전역, 북아프리카와 소아시아의 광범위한  지역을 여행하기도 했다.

1968년 일본으로 귀국, 문예지인 「중앙공론」에 〈르네상스의 여자들〉을 연재하면서 작가로서 데뷔했다. 1970년 두 번째 작품인 〈체사레 보르자 혹은 우아한 냉혹〉을 발표하여 명성을 쌓기 시작, 같은 해 이탈리아인 의사와 결혼하여 이탈리아 피렌체에 정착한다. 결혼 생활에서 아들을 하나 두었으나 수년 후 이혼했다. 그 후 아들과 함께 1993년 로마로 이주해 그곳에서 거주하며 집필 활동을 계속하고 있다.

(2) 작품 활동

초기 작품에는 르네상스 시대의 이탈리아 역사에 관한 작품으로 데뷔작인 〈르네상스의 여자들〉(1968)을 시작으로 〈체사레 보르자 혹은 우아한 냉혹〉(1970) 〈신의 대리인〉(1972)은 모두 이탈리아의 역사를 주제로 하였다. 베네치아 공화국의 역사를 서술한 〈바다의 도시 이야기〉를 발표해 1982년 산토리 학예상을 받았다. 이후 역사소설인 〈세 도시 이야기〉(1993-1995), 〈전쟁 3부작〉(1983-1987)을 발표하였다. 이후 〈로마인 이야기〉(15권)를 쓰게 된다(1992년 부터 1년에 한 권씩 집필함). 새로운 고대사 시리즈 〈십자군 이야기〉(4권) (2010)를 저술했다.

(3) 수상

1970년 〈르네상스의 여자들〉로 받은 마이니치 출판문화상을 시작으로 1982년 〈바다의 도시 이야기〉로 산토리 학예상, 1993년 신초 문예상 등을 수상했으며, 2000년에는 이탈리아 정부로부터 이탈리아의 역사와 문화를 일본에 전달하는 데 공을 세운 것을 인정받아 국민포장인 그란데 우피치알레 공로장을 수여받았다. 2005년 일본 정부로부터 받은 자수포장, 시바 료타로 문학상 등을 수상한 바 있다.

〈2013. 11. 3 최춘기 편집〉

저자와의
협약으로
인지생략

역사 기행
# 여행 파노라마

초판 발행 2014 년 6 월 10 일

지은이 | 최춘기
펴낸이 | 김효열
편집부장 | 김경희
편 집 | 이미정
마케팅 | 김효숙 · 김영미

펴낸곳 | **을지출판공사**

등록번호 · 제 2-741 호
등록일자 · 1985 년 2 월 14 일
주 소 · 서울시 마포구 양화로6길 27-5(서교동) 301호
우편번호 · 121-840
전 화 · 02) 334-4050
팩 스 · 02) 334-4010
E-mail : ejp4050@hanmail.net

값 20, 000원

* 잘못된 책은 바꿔 드립니다.

ISBN 978-89-7566-151-8 03810